全民健身精品课程

# 跟冠军学 柔道

刘玉香◎编著

柴岭　吴智辛◎审校

U0738957

全彩
视频学习版
图解

人民邮电出版社
北京

**图书在版编目（CIP）数据**

跟冠军学柔道：全彩图解视频学习版 / 刘玉香编著
. -- 北京：人民邮电出版社，2019.6
　（全民健身精品课程）
　ISBN 978-7-115-49450-4

　Ⅰ．①跟… Ⅱ．①刘… Ⅲ．①柔道－基本知识 Ⅳ.
①G886.4

中国版本图书馆CIP数据核字(2018)第223328号

## 免责声明

本书中的信息针对成人受众，并且仅具娱乐价值。虽然本书中的所有建议都已经过事实检查，并在可能情况下进行过现场测试，但大部分信息都具有推测性，并且要取决于实际情况。出版商和作者对任何错误或遗漏不承担任何责任，并且对包括在这本书中的信息适用于所有个人、情况或目的不作任何明示或暗示的保证。在尝试这些页面中所列举的任何活动之前，确保了解自己的局限，并充分研究所有相关风险。书中提及的某些行为，在不同地区受到不同法律、法规限制，请务必遵守当地相关法律、法规。读者为自己的行为承担所有风险和责任，出版商和作者对此处所提供信息可能导致的任何损失或任何一种损害（间接的、连带的、特殊的等）概不负责。

## 内 容 提 要

　　柔道是一项对抗性很强的竞技体育运动，在比赛过程中双方选手始终进行着发挥与反发挥、制约与反制约的斗争。柔道不仅可以帮助练习者增强身体素质、提高反应灵敏度，还可以帮助他们提高自我保护能力。本书由现国家柔道队教练刘玉香老师倾力打造，围绕柔道的基本知识、立技、寝技、连络技以及针对柔道的体能训练这5个方面进行了细致讲解。全书不仅配有高清动作分步骤图片，还辅以关键动作要领提示框进行讲解，并提供了90段动作展示视频，旨在为柔道初学者、专业运动员、教练提供知识全面、图示清晰、讲解明了的柔道指导用书。

◆ 编　　著　刘玉香
　　审　　校　柴　岭　吴智辛
　　责任编辑　林振英
　　责任印制　周昇亮

◆ 人民邮电出版社出版发行　　北京市丰台区成寿寺路 11 号
　　邮编　100164　　电子邮件　315@ptpress.com.cn
　　网址　http://www.ptpress.com.cn

　　北京捷迅佳彩印刷有限公司印刷

◆ 开本：700×1000　1/16
　　印张：12.5　　　　　　　　　2019 年 6 月第 1 版
　　字数：252 千字　　　　　　　2025 年 8 月北京第 6 次印刷

定价：88.00 元

读者服务热线：(010)81055296　印装质量热线：(010)81055316
反盗版热线：(010)81055315

# 在线视频访问说明

　　本书提供部分动作的在线视频，您可通过微信"扫一扫"，扫描书中的二维码进行观看。

　　**步骤 1**　　点击微信聊天界面右上角的"+"，弹出功能菜单（如图1所示）。

　　**步骤 2**　　点击弹出的功能菜单上的"扫一扫"进入该功能界面，扫描右边的二维码。

微信"扫一扫"

　　**步骤 3**　　如果您未关注微信公众号"动动吧"，扫描后会出现"动动吧"的二维码。请根据说明关注"动动吧"，并点击"资源详情"（如图2所示）。进入视频目录（如图3所示）后，选择您想观看的视频即可。

　　如果您已关注微信公众号"动动吧"，扫描后可直接进入视频目录。

图1

图2

图3

# 推荐序

　　柔道是一项竞技要求较高的运动项目。2008 年北京奥运会上，中国柔道获得 3 金 1 铜的好成绩，在中国柔道史上书写了浓墨重彩的一笔。随着柔道产业的发展，柔道运动也开始从竞技场走向群众。后奥运时代，柔道道馆、俱乐部如雨后春笋般出现。柔道爱好者逐渐增多，各类柔道赛事频繁举办。

　　刘玉香教练是我国柔道运动史上一名优秀的运动员，曾多次获得世界级荣誉。这些优异成绩的取得，离不开她的辛苦付出和她对柔道事业的热爱。作为国家女子柔道队中的佼佼者，她没有局限于个人取得的成绩，在退役后，除了担任教练之外，她还为柔道事业的推广和发展发挥着自己的作用。这本书从最基础的柔道知识开始讲起，由浅及深，由表及里，详细介绍了柔道的各种技能，这将对柔道的普及和推广起到示范性作用，对推动柔道项目成为全民性健身运动具有极大的意义。

　　这本书内容充实、全面、专业。第一章系统讲解了柔道场地、柔道服，以及柔道的段位，解释了柔道的比赛规则，这些知识是每一位柔道练习者都有必要了解的。后面的章节分别介绍了柔道的各种技能，从立技到寝技，从单一技能到连络技，都用文字和图片进行了诠释，同时也标注了动作要点。这本书的受众范围广，无论是初学者，还是想提高技能的练习者，都能从这本书中找到合适自己的内容。跟随冠军学柔道，学到的不仅是专业的柔道技能，冠军的拼搏精神也会成为大家的一笔重要的精神财富。

　　我国柔道事业的发展，一直在摸索中行进，虽然取得了一些成绩，但还有许多需要提升、改进之处。少年强则国强，我们尤其要重视青少年柔道运动的发展与普及，要让更多的青少年参与到柔道的学习和训练中，使他们成为柔道事业发展的主力军，推动柔道更好的发展。

冼东妹

中国柔道协会主席

国家柔道队总教练

两届柔道奥运冠军

# 前言

　　时光飞逝，不知不觉我已从事柔道事业 20 多年了。从运动员到教练，从女孩到母亲，虽然自己的角色在不断地变化，但不变的是我对柔道事业的坚持与热爱。

　　我从 14 岁开始练习柔道，随着对柔道认识的加深，逐渐喜欢上了柔道，并决定以此为事业。台下付出汗水，台上奋力拼搏，在柔道事业上我取得了一些成绩并多次获得世界级比赛的冠军。

　　柔道在我国的发展很快。在历届奥运会上，我国多位选手都获得了奖牌，例如庄晓岩、孙福明、冼东妹、杨秀丽、佟文等。她们的好成绩激励着我继续努力，同时推动着中国柔道继续向前发展。

　　鞭策和激励是同时存在的。我们的柔道队伍在成长的同时，也经历了挫折和低谷。在 2012 年的伦敦奥运会和 2016 年的里约奥运会上，中国柔道队没有获得一块金牌。这是中国柔道自 1992 年巴塞罗那奥运会以来最差的成绩，我们感到了深深的压力。2020 年奥运会，中国柔道也将面临巨大的考验。作为体育人，作为柔道人，作为国家柔道队的教练，我深感肩上的责任重大。我将始终坚持"不忘初心，牢记使命"，为我国的柔道事业贡献自己的力量，也衷心祝愿我国柔道事业能够再创辉煌！

刘玉香

# 目录

# 目录

# 目录

## 第五章
## 体能训练

# 1

## 第一章
## 柔道基本知识

- 道场
- 柔道服
- 段位级别
- 比赛规则

扫码看视频

# 1 道场

柔道比赛场地呈正方形，场地必须用榻榻米或类似榻榻米的合适材料铺设。

柔道垫子必须是固定的，要对"受身"技术起到缓冲作用。并且垫子表面既不能太光滑，也不能太粗糙。此外，排列垫子时中间不得留有空隙，同时要保持垫子平坦，确保固定之后不会移位。

比赛场地可分为安全区和比赛区两个区域，比赛区呈正方形，边长最小为8米，最大为10米。比赛区以外的区域为安全区，其宽度为4米。当使用2个以上相邻的比赛场地时，允许在场地之间共用一个安全区。

比赛场地必须设在有弹性的地板或平台上。赛台应选用坚固且有弹性的木材制成。赛台边长约18米，高度不超过1米。在比赛场地周围要保留一个长度不小于50厘米的空间，并且观众席与比赛场地要有足够的安全距离。

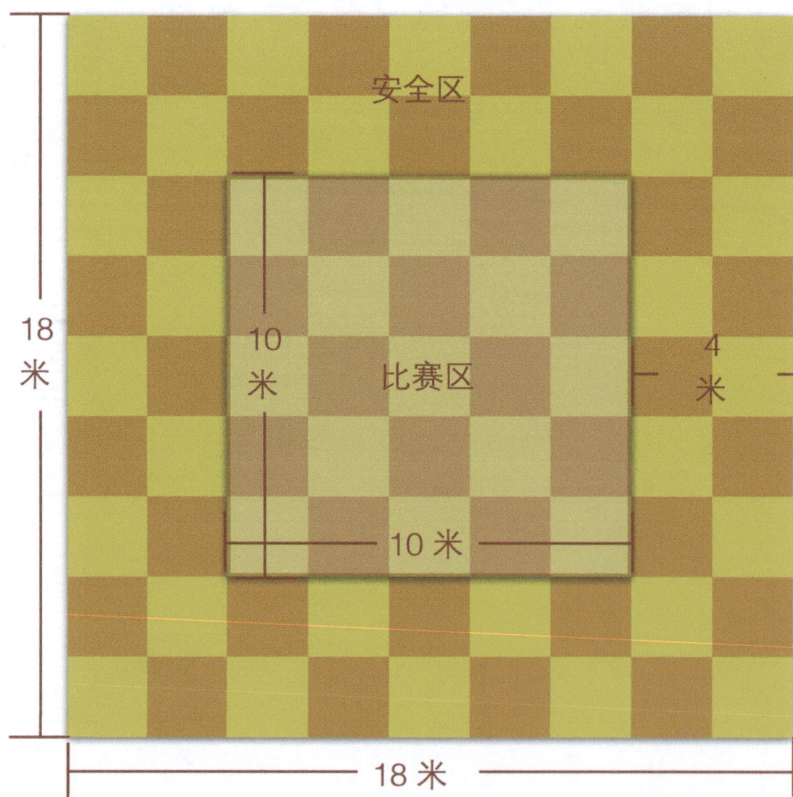

安全区

10 米    比赛区    4 米

18 米

10 米

18 米

# 2 柔道服

## ● 颜色

在比赛时，柔道运动员一方穿白色柔道服，另一方穿蓝色柔道服。

白色柔道服

蓝色柔道服

**Tips**

柔道服最初只有白色一种颜色。双方选手靠分别系红色和白色腰带来区分。但是这种穿法给观众和裁判在区分双方选手时带来了视觉困难，因此引入了蓝色柔道服。

# ● 规格

　　扎上腰带后上衣要盖住臀部，直门的宽度为 4~5 厘米，左衣襟压住右衣襟的重叠部分至少为 20 厘米。

小臂与袖子之间的空隙为 10~15 厘米。

扎上腰带后上衣能盖住臀部。

左右衣襟重叠部分至少为 20 厘米。

腰带打结后剩余部分的长度为 20~30 厘米。

膝关节与裤腿之间的空隙为 10~15 厘米。

注：本书拍摄时，规则为：手臂平举时袖口与手腕的距离不得超过 5 厘米；裤脚距离脚踝的长度不得超过 5 厘米。最新规则为：上衣的袖长覆盖到手腕；裤子长度应能盖住双腿，覆盖到脚踝。

## ● 穿法

先穿上衣，左衣襟压住右衣襟，两衣襟相合后用腰带在腹部正中间处系紧。腰带不要扎得过高或过低，防止上衣散开。

**Tips**

1. 柔道服必须洁净、干燥，不可以有难闻的气味。
2. 参赛者的手指甲和脚趾甲必须修短。
3. 长发者须将头发束起，避免给对手造成不便。

先将两衣襟合上，左衣襟压住右衣襟。

再将腰带打结系于腹前，腰带的系法详见 P014。

要领解读 **Point** 注意事项

在训练时，柔道服的袖子不可以挽起，要养成服装整齐的习惯。

## ● 腰带系法

首先将腰带正中间的一段对准腹部正中间，随后将腰带左右分开向身体后绕一圈。

再将腰带两边的带头从体后绕至腹部前方并交叉。

将右边的带子压住左边的带子，由下向里穿出。

再抓住另一端带头向上、向下由里穿出。

### 要领解读　　*Point*

**腰带穿插的位置要正确**

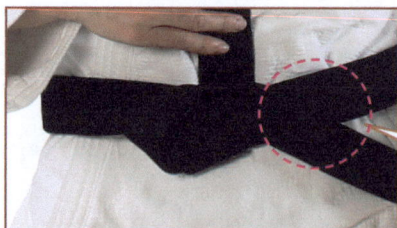

腰带头要从重叠的腰带之间穿出，而不是贴着上衣穿出。

然后将另一端的带头由上向下从图示位置穿出，将腰带打成结。

双手分别抓握腰带打完结后剩余的部分，随后向两侧拉，将打结部位拉紧。完成后腰带打结部位应在腹部正中间位置。

要领解读　*Point*　**腰带的位置要合适**

柔道的腰带不能系得过高或过低，要系在腰腹部的位置，过高或过低都会导致上衣容易散开。

## ● 道服叠法

柔道服是柔道练习者必备的装备，柔道服的叠法也是练习者需要掌握的基本常识。

将上衣两衣襟相对平铺，再将裤子叠成两折，竖着放在上衣的中间。

把上衣的两个袖子相对向中间折叠平铺。

把上衣的两侧分别向中间折叠，折叠的两部分相重合。

把衣服从正中间对折，即将上衣的领口和下襟折叠在一起。

把腰带展开，置于已经叠好的衣服的正中间。

用系腰带的方法将道服系好。

# 3 段位级别

段位制是推动柔道项目发展的主要手段之一。段位和级位划分的基本依据是申请者的年龄、从事柔道项目练习或活动的年限、技术水平、理论水平、研究成果、道德修养以及对柔道发展所做出的贡献等。

中国柔道协会推行的段位制采用10级十段制。段位晋升包括晋级和升段两部分内容。柔道练习者在初级阶段，尚未达到申请段位要求时称之为级，级位称号由10级到1级依次升高。柔道练习者达到中级至高级阶段，可以申请相应的段位，段位称号由一段到十段依次升高。

根据中国柔道协会试行的柔道段位制考试管理办法对级位、段位申报条件的要求，10级到1级需逐级晋升，符合申报年龄即可申报，但一年最多晋级两次；段位也要逐段晋升，但是段位晋升申报条件、晋升规则要比级位复杂，详细内容可在柔道段位制考试管理办法中获取。级位、段位的申请必须满足最小年龄条件，否则申报不予批准。10级到1级分别需要满足的最小年龄是6岁、7岁、8岁、9岁、10岁、11岁、12岁、13岁、14岁、15岁；一段到十段分别需要满足的最小年龄是16岁、18岁、21岁、25岁、30岁、40岁、50岁、60岁、70岁、80岁。

根据腰带的颜色可以区分练习者所处的水平。初学者的腰带为白带，10级到1级腰带依次是粉带、橙带、淡黄带、黄带、淡绿带、绿带、淡蓝带、蓝带、紫带、褐带。一段到十段腰带依次是一段到五段为黑带、六段到八段为红白带、九段到十段为红带。

# 4 比赛规则

## ● 比赛级别

男子：–60公斤级、–66公斤级、–73公斤级、–81公斤级、–90公斤级、–100公斤级、+100公斤级、无差别级。

女子：–48公斤级、–52公斤级、–57公斤级、–63公斤级、–70公斤级、–78公斤级、+78公斤级、无差别级。

## ● 分值评定

比赛时，根据运动员使用的技术，按其质量和效果评定分值。根据新修订柔道竞赛规则将评定总结如下。

**获得"一本"**

（1）当比赛的一方把对手摔倒或施展反摔动作，其技术具备速度、力量、对手背部完全着地、高度的技术控制和连贯性四项条件时。

（2）当比赛的一方把对手控制住，使其在主裁判宣布"压技开始"以后20秒内不能摆脱控制时。

（3）当比赛的一方使用绞技或关节技，充分显示出技术效果时。

（4）比赛的另一方用手或脚拍击垫子两次或两次以上，或者喊"输了"时。

**获得"技有"**

（1）当比赛的一方控制住对手并摔倒对方，但技术效果在评判"一本"的四项条件（相当的速度和力量、对方背部完全着地、高度的技术控制和连贯性）中有一项不足时。

（2）当比赛的一方把对手控制住，使其在主裁判宣布"压技开始"以后10秒或10秒以上，但不到20秒的时间内不能摆脱控制时。

## ● 比赛时间

　　全国成年柔道的比赛时间为4分钟。任何比赛者在连续两场的比赛之间有权得到一场比赛的休息时间。

　　比赛时间结束时，需用计时器的鸣声通知主裁判。比赛时间的结束，以计时器的鸣声为准。

　　任何技术得分信号如与比赛结束的时间信号同时发生则有效。比赛结束的时间信号和宣布"压技开始"的口令同时发生时，比赛继续进行，时间须延长至主裁判宣布"相应分值"或"压技解脱"为止。

　　主裁判宣布"暂停"至"开始"，以及"原姿势暂停"至"开始"之间的时间，不计算在比赛时间之内。

裁判设置

比赛设 3 名裁判，1 名主裁判，2 名副裁判。主裁判在场上组织运动员进行比赛，并评定技术，宣布胜负。

另 2 名副裁判，在比赛场下，协助主裁判。

金分加时赛

1. 当双方运动员在常规比赛时间结束时，没有技术得分或者双方技术得分相同时，比赛将进入金分加时赛，常规比赛中受到的指导处罚不能决定胜负。

2. 常规比赛时间内，双方所有的得分和指导处罚，都将带入金分加时赛，并显示在计分板上。

3. 金分加时赛中只能通过技术得分（技有或一本）或处罚取消比赛资格（直接或累积）分出胜负。

4. 处罚不视为得分。

# ● 常见禁止事项

所有处罚分为：指导（轻度违例）、取消比赛资格（严重违例）。3 次指导处罚给予取消比赛资格的处罚。

**指导（轻度违例）**

（1）比赛中避免与对手交手，阻挡对手的抓握。

（2）在站立姿势时，采取极端的防守姿势。

（3）用手控制对手手腕不进攻。

（4）为了逃避比赛，虚假进攻，拖入寝技。

（5）在比赛中，抓握对手的手指或反扳对手的手指。

（6）未经主裁判允许，故意解开自己的道服。

（7）用手、手臂、脚或腿直接触及对方的脸部。

（8）在投技（手技、腰技、足技）中，用腿或膝拆把。

（9）扣住对手大领，下压对手，不进攻。

■ 关节技中对肘关节使用反关节动作

（10）双手破除对手的抓握。

（11）护住柔道服的边缘，不让对手抓握。

（12）绕头不进攻。

（13）用手击打对手手臂以解脱把位。

（14）一只脚站在界外不立即返回比赛区。

（15）两只脚出界。

（16）明显发力推对手出界。

（17）抓握腰带以下的任何部位（抱腿、抓、扛、夹）等，第一次给予指导处罚，第二次给予取消比赛资格的处罚。

（18）熊抱。

（19）用脚缠绕对手脚部，而未做出立即进攻动作，应给予指导的处罚。

（20）使用自己的衣襟腰带或对手的腰带衣襟，圈绕对手的颈部或用手指做绞技工具，应给予指导的处罚。

### 取消比赛资格（严重违例）

（1）当基本与对手面向同一方向时，试图用一条腿缠绕对手的腿，向后倒向对手来摔倒对手。

（2）除肘关节以外在任何部位使用关节技。

（3）掀起躺在垫子上的对手，并将对手砸回到垫子上。

（4）当对手在使用扫腰、内股等动作时，从内侧扫对手支撑腿。

（5）无视主裁判的指挥。

（6）比赛中使用不必要的呼叫，评论或者诋毁对手或裁判。

（7）使用任何可能有危险或伤害对手，特别是对对手颈部、脊柱有害的动作，或者有违背柔道精神的行为。

（8）当使用或试图使用腋固一类动作时，直接倒向垫子。

（9）当使用或试图使用内股扫腰等动作时，将头部下潜，使头部触到垫子。

（10）只要出现桥姿（此动作可能造成严重伤害），主裁判应喊暂停待两名副裁判确认后给予取消比赛资格的处罚。

（11）违背柔道精神：任何违背柔道精神的举动都将被立即处以取消比赛资格的处罚。

（12）使用腕挫腋固把对方摔倒在垫子上的动作，应给予取消比赛资格的处罚。

（13）使用抓握对手单袖拉直摔至垫子上的动作，可能造成对手受伤，应给予取消比赛资格的处罚。

（14）第二次抱腿应给予取消比赛资格的处罚。

# ②

# 第二章
# 柔道基本技术 1——立技

- 基本姿势及行礼方式
- 抓手方法
- 步法及受身
- 手技
- 腰技

- 足技
- 真舍身技
- 横舍身技

扫码看视频

大腰 → P044

后腰 → P052

体落 → P040

腰车 → P048

出足扫 → P066

巴投 → P074

# 1 基本姿势及行礼方式

立姿分为自然体和自护体两种姿势。

**Tips**

自然体是一种高站立姿势，除了自然本体之外，还包含了右自然体和左自然体。这种站姿放松自然，无论进攻还是防守都十分方便。

■ 自然本体

自然站立，两脚分开约与肩同宽，两脚跟内收。

■ 左自然体

在自然本体的基础上，左脚向前迈出一步，两脚之间的距离约与肩同宽。

■ 右自然体

在自然本体的基础上，右脚向前迈出一步，两脚之间的距离约与肩同宽。

**要领解读**

*Point* **轻屈双膝**

自然本体站立时双膝不绷直，略微有些弯曲。

自护体是一种低站立姿势，除了自护本体之外，还包含了左自护体和右自护体。这种姿势不仅能防御对手的猛攻，还能进行反攻。自护体站立法的身体重心在两脚之间，两腿略屈，用力平衡整个身体。

■ 自护本体

两脚分开约与肩同宽，两脚跟内收，两腿微屈，降低重心，上半身挺直，两臂自然下垂放于大腿位置，目视前方。

■ 左自护体

在自护本体的基础上，左脚向前迈出一步，两脚之间的距离约与肩同宽，身体由正面站立转为侧身站立。

■ 右自护体

在自护本体的基础上，右脚向前迈出一步，两脚之间的距离约与肩同宽，身体由正面站立转为侧身站立。

行礼方式包含立姿礼和跪姿礼。

■ 立姿礼

自然站立姿势开始，两脚跟靠拢，两眼注视对手，腰背挺直。

收下颌，头部摆正。两臂自然下垂，双手放于大腿位置。

行礼时腰背保持挺直，上半身前屈约 30 度。

两脚跟靠拢站立。

行礼时上半身前屈约 30 度，两臂从体侧移至大腿前并自然下垂，两手手指放于大腿位置。

静止稍许后，自然起身恢复到最初姿势。

要领解读 **Point 1**

### 视线垂直地面

行礼时视线垂直地面，不要看正前方。

**Point 2** 行礼时间

行礼约在一次呼吸之间，大约为 4 秒。

■ 跪姿礼

从站立姿势开始，左脚先向后撤约一步半的距离，左膝跪于原来左脚跟的位置。然后右脚向后撤，双膝并排跪于垫上，重心后移，坐于脚上。

行礼时双手抬起放在身体前方的垫子上，上半身前屈，后脑勺与背部呈一条直线。行礼后恢复正坐姿势。

要领解读　*Point*　**两脚脚尖重叠**

① ②

两脚脚尖重叠。

# 2 抓手方法

拉低手

低手

抓小袖和直门

提拉

抓小袖扣大领

抓小袖和后腰

要领解读　**Point**　抓小袖分解步骤

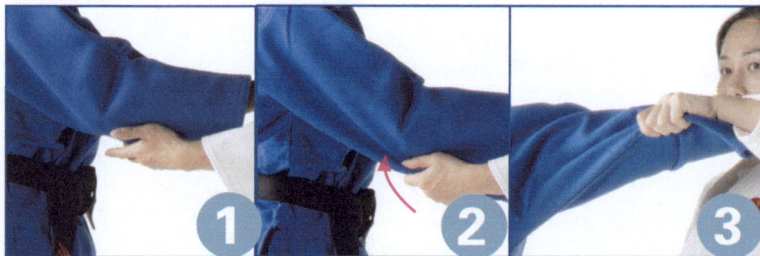

抓同侧小袖和偏门

双手抓同侧直门

抓直门和大领

抓双小袖

抓双直门

要领解读

**Point 1**　抓直门分解步骤

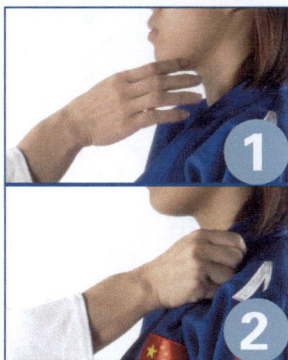

**Point 2**　抓大领分解步骤

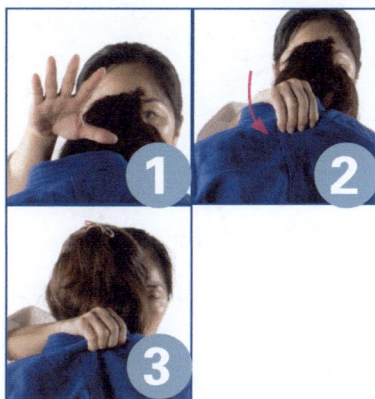

■ 右脚向前上步

右脚向前迈出一步，并向左后方转体，使身体与对手身体呈直角。

右脚向前上步。

其他角度

迈出右脚后，微屈膝，保持身体重心的稳定，做好随时进攻或防御的准备。

■ 左脚向前上步

左脚向前迈出一步，并向右后方转体，使身体与对手身体呈直角。

左脚向前上步。

其他角度

迈出左脚后，微屈膝，保持身体重心的稳定，做好随时进攻或防御的准备。

■ 左右脚交互移动

　　右脚向正前方迈出一步，左脚随后向正前方迈出一步。
两脚以此规律交互前行。该步法在走大步时使用。

其他角度

■ 跟步

　右脚向前迈一步后左脚立即跟步于右脚脚跟后。
　两脚距离虽然很近，但并不紧贴，依然保持一定距离。
右脚一直在前，左脚在后。

左脚跟步后两脚之间有一定距离，不能紧贴。

其他角度

■ 向后受身

自然姿势站立，双臂平举，屈膝向后坐倒。

技术分析

**Tips**

柔道初学者首先要学会受身法。受身法是一种在倒地时进行自我保护的方法。它不仅可以训练身体的结实度，还可以在倒地时保护内脏器官。

臀部、腰部、背部依次着垫，双腿上抬，目视腰带，双手手掌打开和手腕一起于体侧拍击垫子。

要领解读

*Point 1* **用全臂拍垫**

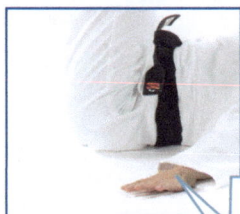

拍垫时要用全臂拍垫。只用前臂拍垫会使肘关节受伤，要多进行受身练习。

*Point 2* **保护好头部**

头部不要着垫，避免头部受到撞击。

向前受身

腰部挺直，不要弯曲。

自然姿势站立，上半身前扑，两手手掌打开，手指指尖略向内。

向前扑倒时腰背保持平直。

倒地的瞬间两臂肘部弯曲，手掌拍击垫子，上半身挺直。

腹部不可以着垫。

要领解读

### Point 1　脚尖蹬垫

倒地的瞬间两脚脚尖蹬垫。

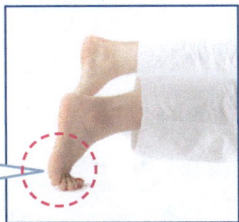

### Point 2　倒地时肘部弯曲

倒地时肘关节弯曲，面部和头不要着垫。

035

# 4 手技

## ●一本背负投

> 一本背负投也叫单手背负投，是柔道中主动进攻技能，也是必杀技。

### 技术分析

**Tips**

双方以实战姿势站立，施技方用左手抓对手的右袖，并向上、向前提拉右袖，使对手向前失去平衡。

施技方的右脚上步落在对手的右脚前，重心随之移至右脚尖上。

同时施技方右手松开并从对手的右胸前通过，用右臂贴着对手身体插进对手的右腋下并夹紧其右上臂。

#### 脚步移动

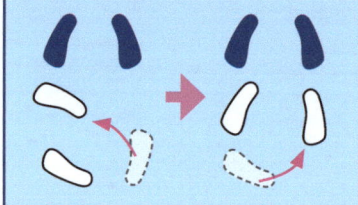

施技方左脚背步落在对手的左脚前，双腿弯曲，降低身体重心。左手用力拉对手的同时双腿蹬直发力，使对手的胸腹部贴着自己的背部向前方投出。

施技方屈膝，降低身体重心。

## 要领解读

### Point 1　夹紧对手右手臂

施技方右臂插进对方的右腋下，一定要夹紧对方的右上臂。

### Point 2　左手持续下拉

施技方左手持续下拉，使对方的胸腹部紧贴自己的背部。

## ● 背负投

背负投也叫双手背负投，是柔道中主动进攻技能，是一种技巧很高的投技。

### 技术分析

**Tips**

双方以实战姿势站立，施技方用左手抓对手的右袖，并向上、向前提拉右袖，使对手向前失去平衡，此时施技方可较轻松地把右臂插入对手右腋下。

施技方的右脚上步落在对手的右脚前，重心随之移至右脚尖上，右臂屈肘插进对手右腋下。

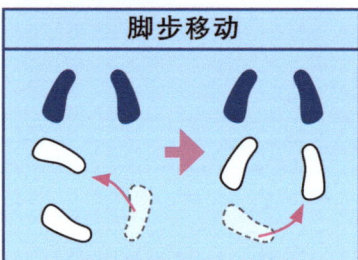

### 脚步移动

施技方左脚背步落在对手的左脚前，屈膝下蹲降低身体重心。

左手用力拉对手的同时向左后方转体，以背部为支撑，蹬腿发力，将对手从背部投出。

立技

使对手的身体重心向前提。

施技方屈膝下蹲，降低身体重心。

## 要领解读

**Point 1**　背部紧贴对手的胸腹部

施技方背步转身一定要使对手的胸腹部紧贴自己的背部。

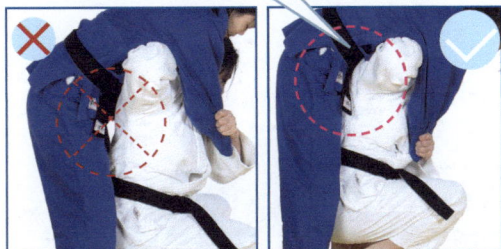

**Point 2**　双脚蹬地发力

施技方上步背步后，注意使用双腿的蹬力，而不是只用腰部的力量。

# ● 体落

当对手身体重心被移至右脚外侧时，利用右脚绊住对手右腿的方法将其摔倒。

## 技术分析

**Tips**

施技方右手抓对手的左前领，左手抓对手的右袖，调整脚步，使对手失去平衡。

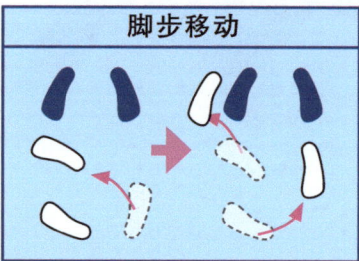

施技方右脚上步移至对手右脚前，左脚稍跟步，右手上提，左手抬肘斜向上提拉，使对手的身体重心移向右前方，落于右脚外侧。

## 脚步移动

施技方左脚背步落于对手左脚前或左脚外侧，右脚迅速移至对手右脚外侧。

两手顺势向前、向下拉，挺胸向左后方转体，将对手摔成仰面倒地姿势。

右脚迅速移至对手右脚外侧。

## 要领解读

### Point 1    右脚脚尖向前或向内

施技方背步转身后右脚脚尖应向前或向内，向外会容易受伤。

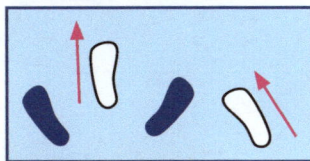

背面

### Point 2    背部挺直

背步转身后挺胸，身体挺直，不要弯腰。

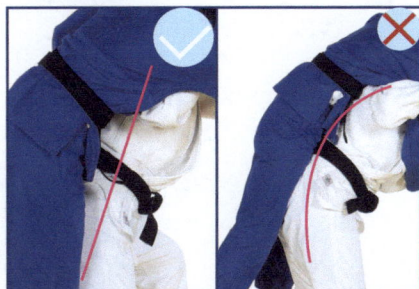

## ● 肩车

当对手身体重心向右前方失去平衡时，利用头后部顶住对手右体侧的方法将对手扛在自己的肩上投出。

### 技术分析

**Tips**

双方以实战姿势站立。施技方先推顶对手，待对手回顶时，顺势牵拉对手的右袖，使对手重心偏移。

施技方左右牵拉对手的右袖，使对手身体向右前方失去平衡。

同时迅速降低身体重心，右脚上步于对手两脚中间，左脚跟步，右肩插入对手的右腋下，头后部顶住对手右体侧。

#### 脚步移动

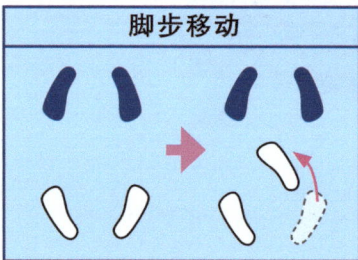

施技方蹬腿发力，用后背中部将对手扛在自己的肩上，身体向左侧倾倒的同时右臂向上掀对手的右腿，将对手摔出至左前方。

将对手的身体横扛在自己的肩上。

屈膝降低身体重心并插入右肩，将对手摔出前的瞬间蹬腿发力。

立技

## 要领解读

### Point 1　双手持续下拉

插入肩部以后双手继续向下拉。尽量利用左手的拉力使对手身体向右前方失去平衡，再顺势降低重心，将对手扛起。

**①**

**②**

### Point 2　下蹲时不要弯腰

两腿在下蹲时不要蹲得太"死"，不要弯腰。腰背挺直，并挺胸。

# 5 腰技

## ● 大腰

使对手的身体向其右前方失去平衡并将右手插入对手的背后，同时进胯背投。

**Tips**

左手牵拉对手右臂的力量很重要。足够的拉力才能使对手向右前方失去平衡，进而进腰将右臂插入对手腋下。

施技方左臂抬肘拉对手的右袖，两手向自己的方向同时拉对手的身体。

在对手身体失去平衡的瞬间，右脚上步，将右臂插入对手的左腋下并扣握对手的后腰带，腰部贴近对手的腹部。

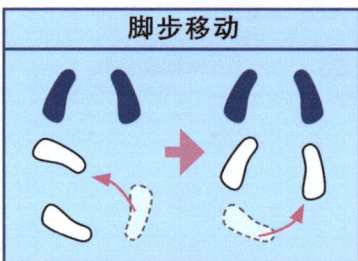

**脚步移动**

施技方左脚背步落于对手左脚前，同时屈膝转腰。

右手搂住对手的腰部，将对手背在腰上，蹬腿发力，将对手摔出。

## 其他角度

右手搂紧对手的腰。

## 要领解读

### *Point 1*　腿从弯曲到蹬直

先屈膝降低身体重心，再蹬腿发力将对手投出。

### *Point 2*　背步后目视前下方

施技方在背步转身后，目视自己的前下方。背投时向左甩脸。

# ● 扫腰

横腰进身，右腿于对手右脚外侧撩举对手右腿，将对手摔倒。

**Tips**

左手的拉力和右手上提的力量很重要，可以使对手的身体向前失去平衡并倒在自己腰上。

施技方用左手抓对手的右袖，并向自己的方向牵拉。右手抓对手的左前领（或后领）并向上提，同时右脚快速上步至对手右脚前。

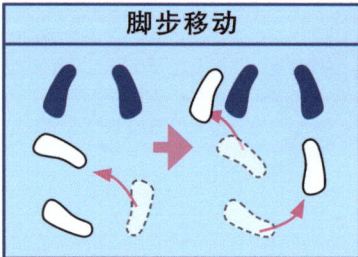

**脚步移动**

左脚背步落于对手左脚前，右脚迅速移至对手右脚外侧，并向左后方扭转身体。右腿向后撩举对手的右腿，上半身前屈将对手投出。

左手用力拉对手的右臂。

对手的身体向右前方失去平衡。

立技

## 要领解读

### *Point 1*　双手配合拉对手

右手向上提。

左手持续向自己的左腰侧用力拉。

### *Point 2*　贴紧对手身体

施技方在上步进腰时，自己的右腰侧贴紧对手身体。

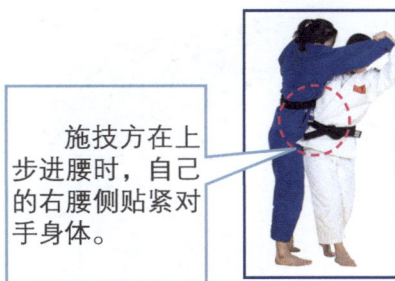

## ●腰车

右臂搂住对手的头部，与对手身体拧转成十字，将对手摔倒。

### 技术分析

**Tips**

背步后自己的身体与对手的身体拧转成十字。

施技方左手抓对手的右袖，右手抓对手的左领。左手向自己的方向平拉对手的右袖，同时右脚快速上步至对手右脚前。上半身紧贴对手身体，右手松开从对手的颈部后方绕过，搂紧对方头部。

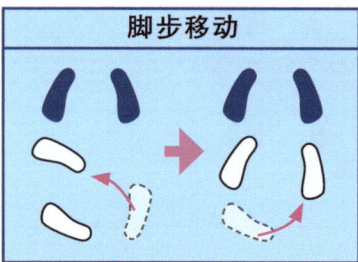

**脚步移动**

施技方左脚背步落于对手左脚前，屈膝降低身体重心。腰臀部顶着对手的腹部，搂紧对手头部的同时身体向左后侧拧转，蹬腿发力，将对手摔倒。

## 其他角度

右臂搂紧对手的头部。

使对手向其右前方失去平衡。

## 要领解读

### Point 1　使对手双脚离垫

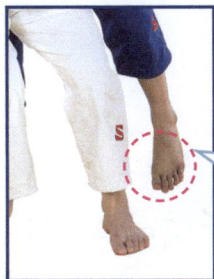

背步后拧转身体，使对手的上半身在自己的腰上并两脚离垫，无法借力反攻。

### Point 2　左手持续拉

左手开始时平拉，转体后继续向自己的左腰侧用力拉。

① ②

049

## ●袖钓入腰

袖钓入腰也称钓腰进袖。左手抓对手的右袖或右领襟，使对手身体向其右前方失去平衡，施技方趁势缩身进胯，将对手背起投出至前方。

技术分析

**Tips**

施技方可先推顶对手，再向后退步引诱对手，使对手向前迈出右脚。在对手右脚即将落垫的瞬间，快速上步并牵拉对手的身体，使用袖钓入腰的动作将对手摔倒。

施技方左手抓对手的右领襟，右手抓对手的左袖，向自己的方向牵拉对手的身体，右脚快速上步于对手右脚前。

**脚步移动**

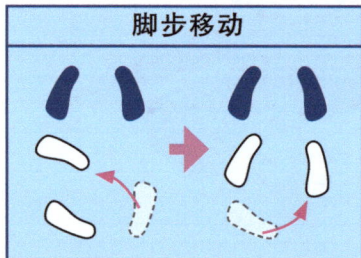

施技方左脚背步落于对手左脚前，屈膝降低身体重心，将腰贴紧对手身体前侧。两手继续拉，上半身前屈，蹬腿发力将对手投出。

使对手向其右前方失去平衡。

屈膝降低身体重心。

立技

## 要领解读

### Point 1　蹬腿发力

背步后屈膝降低身体重心，蹬腿发力，双膝配合全身用力。

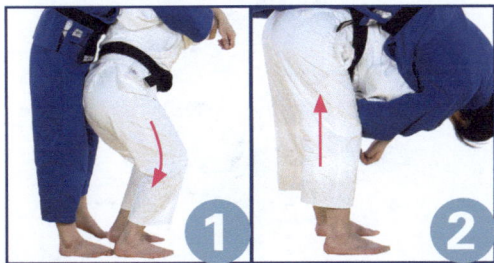

①

②

### Point 2　两手的抓法

实战开始时，施技方也可用两手分别抓对方的两个小袖，转体时将对方的手臂拉直。

## ● 后腰

后腰在柔道技术中，是针对对手使用腰技时转守为攻的技法。

技术分析

**Tips**

当对手向自己发起进攻时，瞄准对手转体，身体重心改变的瞬间，调整自己的身体重心，搂紧对方的腰部，发起反攻。

对手寻找机会，右脚上步至自己的右脚前，右手插入自己的后颈部实施腰车技法，向自己发起进攻。

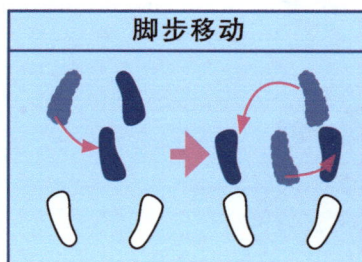

**脚步移动**

施技方腰部下沉并屈膝降低身体重心，稳定身体，两手从对手背后搂紧其腰部，将对手抱起并向下摔倒。

双手搂住对手的腰部并调整身体重心。

要领解读

**Point 1**　**腹部贴近对手臀部**

双手从背后搂紧对手腰部，腹部贴紧对手的臀部。

**Point 2**　**利用腹部的力量**

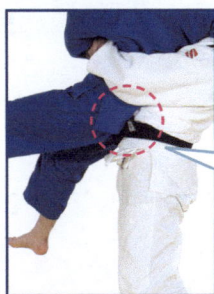

用自己的髋部向前顶起对手身体，后将对手向下摔倒。

## ● 大外刈

足技的一种技法。迫使对手的身体向其右后方失去平衡，右腿猛切对手的右腿后侧，将对手摔倒。

### 技术分析

**Tips**

在实战中，当对手牵拉自己的身体并右脚上步至自己前方时，可以顺势贴近对手身体，双手用力推拉对手身体，使用大外刈动作。

施技方左手抓对手的右袖向自己的左腋下拉，右手抓对手的左前领（或后领）向上提拉，使对手向右后方失去平衡。

调整步法，左脚快速移动落在对手的右脚外侧。

**脚步移动**

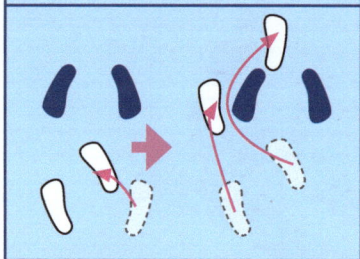

施技方抬右腿，用腿后部猛切对手的右腿后侧，同时双手继续配合推拉对手的身体，将对手摔倒。

右腿迅速移至对手身体后方，并猛切对手右腿后侧。

立技

## 要领解读

### Point 1　使对手重心向右后方移

若不能使对手的身体向其右后方失去平衡，大外刈的动作将不能把对手摔倒。

### Point 2　双手持续推拉

1 2

双手的推拉作用很重要，可以使对手身体重心偏移，并与右腿配合用力。

# ● 大内刈

足技的一种技法。右腿插入对手的两腿之间，向右后方划拨对手的左腿，将对手摔倒。

技术分析

**Tips**

右腿向右后方以弧形划拨对手的左腿，不能向后勾，划拨位置不要太高。

在对手完全倒地前两手一直抓紧对手身体。

施技方用右手抓对手的左领，用左手抓对手的右袖，右脚上步，左脚向右脚后侧移动。

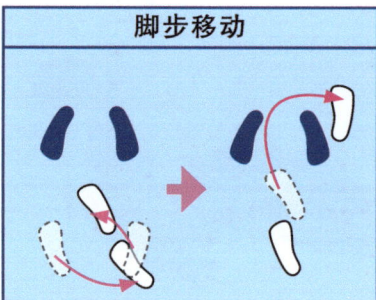

**脚步移动**

施技方将右腿从对手的两腿之间贴脚跟插入，并向右后方划拨对手的左腿，将对手摔倒。

右腿插入对手两腿之间。

### 要领解读

#### Point 1　紧贴对手身体

　　划拨对手的左腿时，要紧贴对手的身体，若距离太远，对手会乘机抬左腿化解进攻。

#### Point 2　右腿划拨位置不宜太高

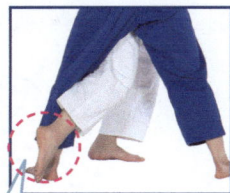

右腿贴脚跟插入，划拨位置不要太高。

# ● 小外刈

足技的一种技法。双手配合使对手身体向其后方失去平衡，用脚掌拨举对手的脚跟使对手摔倒。

## 技术分析

**Tips**

实战中，施技方可以先推顶对手的身体并向后退步引诱对手向前迈步，再迅速上步至对手脚的外侧，调整脚步，拨举对手的前脚脚跟。

施技方右手抓握对手的左领，左手抓对手的右袖，右脚上步落于对手的左脚外侧。

### 脚步移动

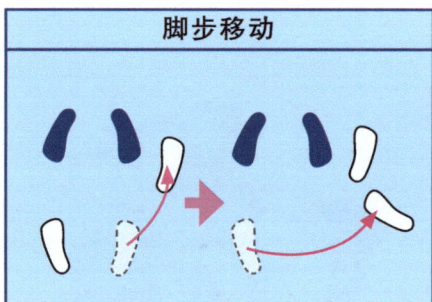

左脚向自己的右脚后移动，两手牵拉对手的双臂，使对手身体重心落于左腿。

左脚朝右脚处调整脚步，支撑自身重心。左手推顶对手，右手下拉，右脚脚掌贴着对手的左脚脚跟处，向前拨举对手的左脚使对手摔倒。

立技

右脚上步，左脚跟步，上步跟步的动作要快。

要领解读

**Point** **腰背挺直**

推顶对手的身体和拨举对手的脚时，腰背尽量挺直，以保持身体重心稳定。

# ● 小内刈

足技的一种技法。右脚插入对手的两脚之间，划拨对手的右脚脚跟，使对手向其后方摔倒。

**Tips**

右脚划拨对手的右脚时，划拨轨迹为弧形，不能直接向后勾，划拨位置不要太高。

对手完全倒地前两手不要放开对手身体。

施技方右手抓对手的左前领，左手抓对手的右袖。右脚向对手的两脚前迈进一步，左脚跟步呈侧身姿势。

## 脚步移动

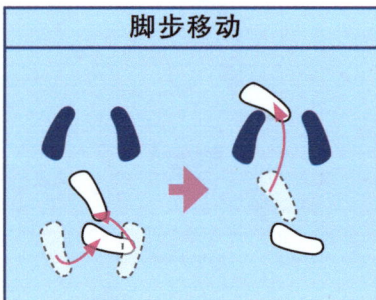

用右脚掌部勾住对手的右脚脚跟内侧，两手抓紧对手身体向其右后方猛推的同时，划拨对手的右脚，将对手摔倒。

其他角度

双手推拉对手的身体，使对手身体失去平衡。

右脚勾住对手的右脚脚跟。

要领解读

### Point 1　脚掌外侧贴垫

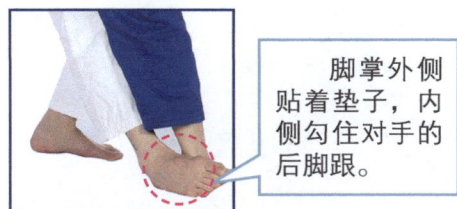

脚掌外侧贴着垫子，内侧勾住对手的后脚跟。

### Point 2　两脚距离不能太远

支撑身体重心的左脚和划拨对手的右脚距离不能太远，若距离太远右腿将没有足够的力量完成小内刈。

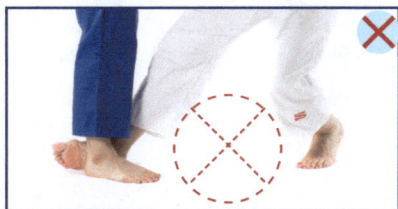

## ● 送足扫

足技的一种技法。双手配合使对手的身体失去平衡，用脚掌扫踢对手的脚踝处，使对手摔倒。

技术分析

Tips

实战中，尽量不要与对手正面相对，身体应向一侧稍稍错开。当对手跟步时，要先跟对手拉开一定距离，再顺势扫踢。

脚步移动

施技方右手抓对手的左前领，左手抓对手右袖。施技方先向左侧横跨步，诱使对方向右侧迈出右脚，同时自己的右脚向左侧跟步。

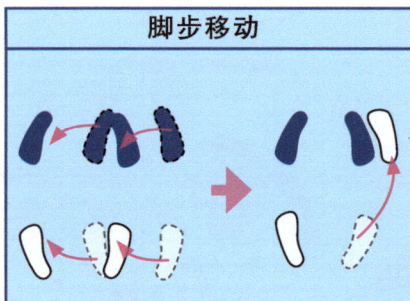

当对手的左脚准备向右跟步时，右手抓紧对手的左领向上提，左手推提对手身体。

右脚脚掌贴着对手的左脚脚踝处横向扫踢，将对手摔倒。

手要抓紧对手的袖子。

施技方先向左侧横向跨步。

立技

## 要领解读

### Point 1　扫踢时左腿不要弯曲

右脚扫踢对手时，左腿不能弯曲。若两腿距离太远，也不能完成扫踢动作。

### Point 2　双手配合拉

右手向上提拉，左手配合向右侧边提边推，使对手重心上移。

## ● 支钓入足

足技的一种技法。用脚掌内侧用力勾住对手的脚腕，将对手摔倒。

技术分析

**Tips**

用脚掌内侧勾住对手的脚腕，勾划位置不要太高。勾划过程中腰背尽量挺直，防止对手借机施力反攻。

施技方右手抓握对手的左领，左手抓握对手的右袖。

左手向前、向上提拉对手的右袖，右手向下拉，同时向后方扭转身体，使对手的重心落在左脚尖上。

施技方调整脚步，重心移至左脚，右脚内侧用力勾住对手的左脚脚腕处，双手同时向右后方用力提拉对手身体，将对手摔倒。

左手向上提拉对手的右袖。

## 要领解读

### Point 1　两脚离对手距离不能太远

　　两脚若离对手太远，将不能完成勾划动作，并且支撑身体重心的腿不可弯曲。

### Point 2　勾划位置不要太高

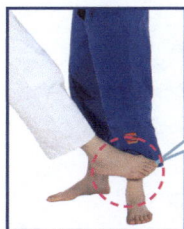

勾划对手的脚腕处，而不是小腿部。

# ● 出足扫

足技的一种技法。迫使对手身体失去平衡时，扫踢对手的脚腕处，将对手摔倒。

**Tips**

若施技方一开始就拉对手的身体，对手将会奋力反抗并避免向前迈步。施技方可先向前迈步并推顶对手的身体，诱使对手向后撤步。

双方面对面自然姿势站立。施技方左手抓对手的右袖，右手抓对手的左前领。

施技方调整自己的步法，引诱对手右脚向后撤步。

施技方快速上步，右手提拉对手的身体，左手同方向提推，同时用右脚脚掌内侧扫踢对手的左脚腕处，将对手摔倒。

诱使对手右
脚向后撤步。

## 要领解读

### Point 1    扫踢脚腕

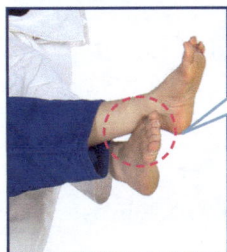

扫踢
对手的脚
腕处。

### Point 2    抓住扫踢的最佳时机

　　诱使对手向后撤步，在对手的脚即将落垫的瞬间进行扫踢。若对手的脚落垫后身体重新稳定，就错过了扫踢的最佳时机。若扫踢过早，对手也会抬腿躲闪并逃脱。

## ● 内股

足技的一种技法。迫使对手的身体失去平衡，用腿插入对手的两腿之间撩举对手身体，将对手摔倒。

**Tips**

施技方左手斜向上提拉对手的右袖，右手同方向提拉对手的身体，使对手向其右前方失去平衡。

**脚步移动**

施技方左手抓对手的右袖，右手抓对手的左前领。施技方寻找时机，右脚上步至自己和对手的身体之间，左脚跟步至右脚后侧。

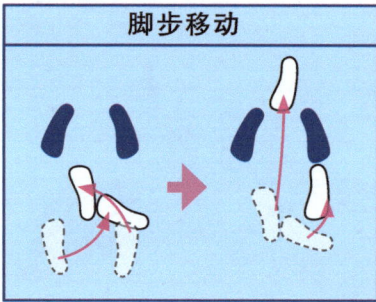

左脚背步，身体左转，重心移至左腿，右腿迅速插入对手的两腿之间。用右腿后部撩举对手的左膝内侧，将对手投出至右前方。

其他角度

双手配合提拉对手的身体，使对手重心偏移。失去平衡。

腰和臀部迅速贴近对手身体。

立技

要领解读　*Point*　**左脚背步**

撩举对手之前，左脚背步至对手左脚前，由面对面变为同方向。

1　2

# ● 小内挂

足技的一种技法。迫使对手身体失去平衡，利用身体一侧的冲力与勾划对手小腿的动作相配合，将对手摔倒。

**Tips**

施技方左手斜向上提拉对手的右袖，右手同方向提拉对手的身体，使对手向右前方失去平衡。

双方面对面自然姿势站立，施技方左手抓握对手的右袖。

右臂屈肘插入对手右腋下，同时双膝弯曲，腰部下沉，将右腿迈向对手两腿之间。

右肩部顶住对手的右胸部，同时右脚向对手的右脚尖方向勾划对手的右小腿，与身体的冲力配合，将对手摔倒。

070

立技

要领解读　*Point*

**身体右侧下压对手身体**

右肩部推顶对手身体的同时，右体侧向下压对手的身体。注意将身体的冲力与腿部勾划的力量相配合。

# ●抱臂大外刈

足技的一种技法。双手搂住对手的一只手臂使用大外刈动作,将对手摔倒。

**Tips**

插右臂抱住对手右臂后,牵拉对手的身体,在对手的重心移至右腿的瞬间猛切对手的右腿后部。

**脚步移动**

施技方左手抓对手的右袖或右前领。施技方寻找时机,左脚上步至对手右脚外侧,右手经对手右胸前从对手的右腋下插入,屈肘抱住对手的右臂。

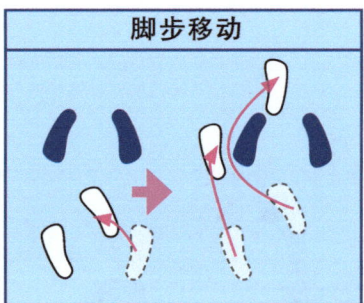

施技方迅速抬右腿至对手的身后,用腿猛切对手的右腿后部,同时两手抱紧对方的右臂向自己的左腰侧方向用力拉,将对手摔倒。

立技

## 要领解读

**Point 1**　双手搂紧对手的右臂

双手抱紧对手的右臂后一直用力拉。

**Point 2**　与大外刈的区别

　　抱臂大外刈（图1）与大外刈（图2，详见P054）的区别在于抱臂大外刈需要右手搂紧对手的手臂，而大外刈是仅左手拉对手手臂，无对手臂的环抱动作，但两种技法动作要领基本相同。

## ● 巴投

身体向左后侧倾倒，左脚支顶对手腹部，自己倒垫的同时，使对手的身体向后翻滚。

### 技术分析

**Tips**

左手先向前、向下拉对手的身体，使对手身体前屈。左脚支顶住对手的腹部后再向自己的头顶方向平拉。

施技方右手抓对手的左前领，左手抓对手的右袖，右脚向前迈出一步，双手牵拉对手的身体，使对手上半身向右前方前倾。

身体迅速下沉并向左侧倾倒，左脚蹬住对手腹部用力上扬，左腿与两手配合用力，将对手投出至头部前方。

右腿支撑
身体，臀部贴
后脚跟。

立技

## 要领解读

### *Point 1*　左手腕内旋

在对手即将被投出的瞬间，左手腕内旋，使对手右臂向内移动，手无法触垫，更利于投出。

### *Point 2*　左腿先屈膝后蹬直

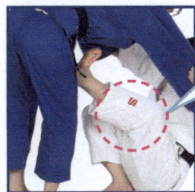

左腿在身体向左后侧倾倒时屈膝，脚掌朝向对手腹部，倒地后腿用力蹬直。

## ● 带取返

右手扣握对手的后腰带向后倾倒，使对手向前翻滚摔成仰卧姿势。

技术分析

**Tips**

施技方先向自己的前下方牵拉对手的右领，使对手身体前屈并搂紧对手右臂，同时抬右手肘经对手背部扣握对手后腰带。

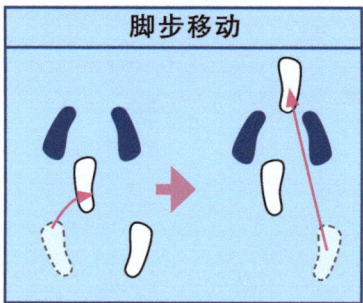

**脚步移动**

施技方寻找机会，使对手上半身前屈，左手顺势经对手右腋下插入，并搂紧对手右臂。

右手抓握对手的后腰带（腰带后侧），腰臀部下沉，降低身体重心。

双膝弯曲向后倾倒，抬右腿插入对手两腿之间，抵住对手左大腿根部内侧向上提起，臀部、背部依次着垫，将对手投出。

右手扣握对手后腰带并向自己方向回拉。

要领解读

### Point 1　左臂夹紧对手右臂

左臂夹紧对手右臂，防止对手右臂抽出，顺势逃脱。

### Point 2
**右肘部下压对手背部**

右肘部下压对手的背部，使对手向其前方失去平衡。

# 8 横舍身技

## ●浮技

双手牵拉对手的身体，使对手向一侧翻滚倒于垫上。

施技方左手抓握对手右小袖，右手抓握对手左领襟。左手斜向上牵拉对手的右臂，右手同方向用力，使对手身体失去平衡。

施技方迅速降低身体重心，牵拉对手的身体，使其向前翻滚，并摔出。

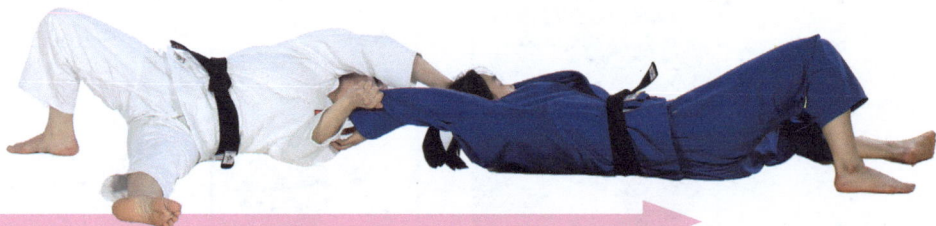

立技

双手配合同方向施力，使对手身体向前倾倒。

要领解读

**Point**

**双手配合全身用力**

在对手倒地的瞬间，左手拉，右手推，双手配合全身用力使对手身体翻滚摔倒。

## ● 外卷入

搂紧对手的右臂，拧转自己身体，将对手卷摔于垫上。

**Tips**

施技方先推顶对手的身体，当对手回力时，顺势牵拉对手的右袖，使对手身体向其右前方失去平衡。

施技方右手抓对手的左前领，左手抓对手的右袖。右手经对手的右肩屈肘，用右腋夹住对手的右臂。右脚快速上步至对手右脚外侧。

左脚快速背步，右腿伸出至对手右腿外侧，膝关节弯曲，降低身体重心。

左手将对手右臂向自己的左腰侧牵拉，右腋夹紧对手右臂的同时随左手同方向用力。

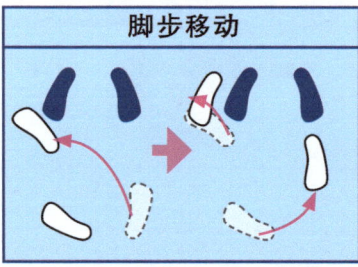

**脚步移动**

卷着对手的身体将对手摔倒。

## 其他角度

## 要领解读

### *Point 1*  卷摔对手

右腋夹紧对手身体随左手的牵拉向左侧拧转身体，卷住对手的身体将对手摔倒。

### *Point 2*  右体侧与对手身体紧贴

身体旋转时与对手的身体紧贴，若留有空隙，对手很容易反攻。

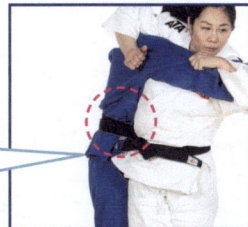

## ● 谷落

### 技术分析

**Tips**

实战中，施技方可在拉对手右袖的同时身体稍向左后方倾斜并抬右腿，使对手误以为自己要使用大外刈之类的动作。对手将会向后挣脱，施技方在对手逃脱的瞬间，迅速抽回右腿别在对手的双腿后侧，使用谷落动作将对手摔倒。

施技方左手抓对手的右袖，右手经对手的左腋下插入搂住其后背。

右脚上步落至对手左脚外侧，左脚迅速跟步，旋转身体，使身体右侧贴近对手左体侧，双腿屈膝降低身体重心。

左手向下方猛拉对手的身体，同时伸右腿至对手身后，别住对手的双腿，身体向右后方倾倒，将对手摔倒。

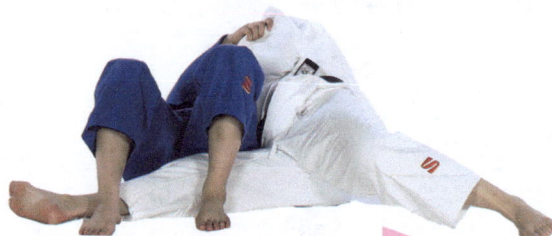

屈膝降低
身体重心。

要领解读

## Point 1

**右体侧与对手身体紧贴**

身体右侧紧
贴对手身体，使
自己的身体与对
手的身体尽量在
一条直线上。

## Point 2

**与其他动作结合**

单独使用谷落的动作对手很
容易反攻，可与大外刈等假动作
结合使用。诱使对手向前迈步或
向后逃脱。抓住对手身体重心不
稳的瞬间，使用谷落动作。

# ③

# 第三章
# 柔道基本技术 2——寝技

- 固技
- 绞技
- 关节技

扫码看视频

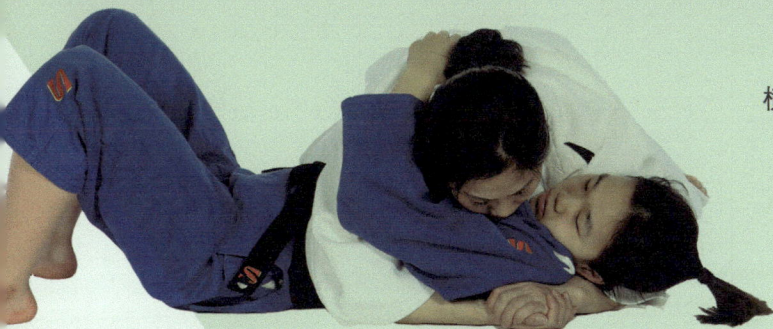

横四方固 → P089

逆十字绞 → P099

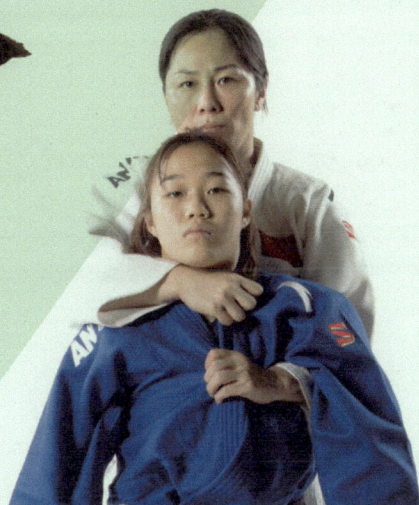

送襟绞 → P105

三角绞 → P100

肩固 → P090

# 1 固技

## ● 袈裟固

压住对手的动作与和尚披袈裟的动作相似，因而得名袈裟固。

### 技术分析

**Tips**

根据对手身体的移动调整自己的身体重心，以免自己身体重心偏移引起对手反攻。

使对手呈仰卧姿势，施技方位于对手体侧，从其右侧进攻。将对手右小臂夹紧于自己左腋下。

右手从对手左侧颈部插入并固定对手头颈部。双腿打开，臀部着垫，右体侧压制对手身体。

### 其他角度

左腋下夹紧对手的右小臂。

脚掌内侧贴垫。

左腿屈膝后撤。

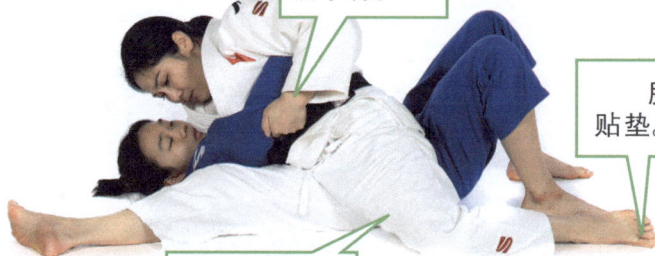

### 要领解读

#### Point 1 使对手头部离垫

用手将对手的头部扳离垫子，防止对手借助垫子的支撑力逃脱。

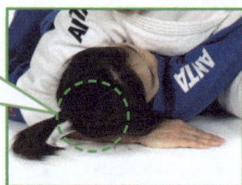

#### Point 2 与对手身体保持 T 形

右腋下压住对手的身体，随对手身体移动调整自己身体重心，尽量与对手的身体保持 T 形。

## ● 上四方固

用胸腹部压住对手的上半身，两手抓对手的两侧腰带。

### 技术分析

**Tips**

　　双臂内收夹紧对手身体，根据对手身体的移动调整自己的身体重心，使自己的身体与对手的身体始终保持在一条直线上。

　　使对手呈仰卧姿势，施技方跪于对手头部前方，双手分别从对手的两侧肩下插入，抓住对手的腰带，双腿弯曲，上半身趴于对手身体上方，用胸腹部将对手压住。

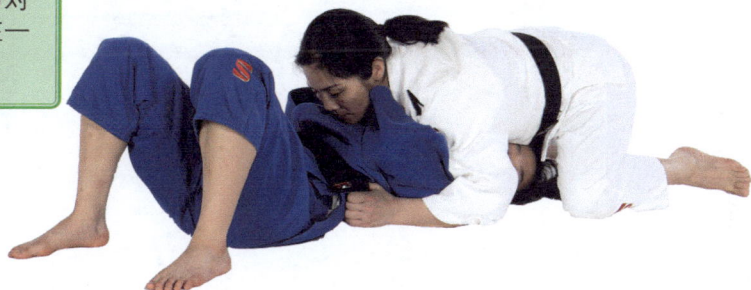

### 其他角度

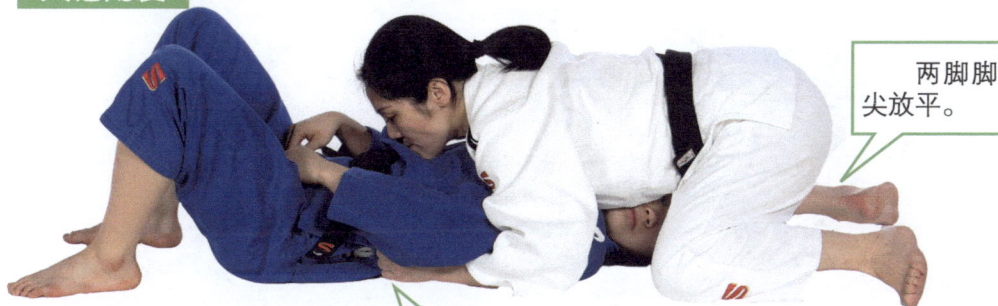

两脚脚尖放平。

双手抓住对手的腰带，两肘部夹紧对手身体。

### 要领解读

**Point**　腹部压对手的面部

腹部压住对手面部，胸腹部紧贴对手上半身。

## ● 纵四方固

骑在对手身上，上半身和双手配合压抱对手。

### 技术分析

使对手呈仰卧姿势，施技方趴卧于对手身上。左臂经对手的右肩插入颈后部，右臂从对手的左肩下插入，双手环抱，两腿夹住对手的身体将对手的身体紧固。

**Tips**

双臂紧固对手的肩颈部，自己的颈后部压紧对手的左臂，迫使对手手臂上举，以防对手手臂抽出乘机逃脱。

### 其他角度

胸腹部紧贴对手胸腹部。

双手环抱紧固对手。

### 要领解读

**Point 1** 夹紧对手大腿

两脚尖扣起，膝关节打开，双腿夹紧对手大腿。

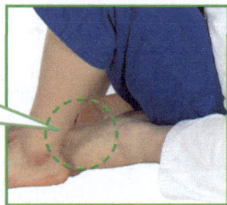

**Point 2** 上半身不能超过对手过多

上半身不能超过对手上半身过多，以免自己重心过度前移，使对手从双腿间逃脱。

# ● 横四方固

上半身俯卧于对手身体上方，与对手身体相垂直。

## 技术分析

**Tips**

施技方上半身与对手的上半身尽量保持垂直，身体不能过多压在对手身体上，否则自己重心前移，对手容易反攻。

使对手呈仰卧姿势，施技方跪于对手身体右侧，左手经对手右肩插入对手颈后部，右手插入对手左肩下，双手环抱对手的肩颈部，将对手紧固。

寝技

## 其他角度

两脚脚尖放平。

紧固对手的肩颈部。

## 要领解读　　*Point*　　双膝顶紧对手的身体

双膝弯曲，紧贴对手的体侧。

# ● 肩固

## 技术分析

**Tips**

施技方双臂紧固对手的头颈部，挤压对手的左肩部，使对手的左臂上举无法抽出，不能逃脱。

使对手呈仰卧姿势，左臂经对手的右肩插入颈后部，右臂从对手的左肩下插入，双手紧扣。

抱住对手的头和肩并压紧，左腿屈膝顶住对手左腰侧，右腿蹬直。

## 其他角度

右腿蹬直，辅助身体挤压对手的身体。

## 要领解读

### Point 1  双手紧扣

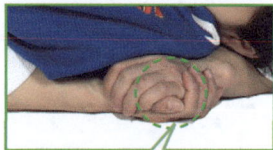

双手紧扣，防止对手逃脱。

### Point 2  左腿尽量不要伸直

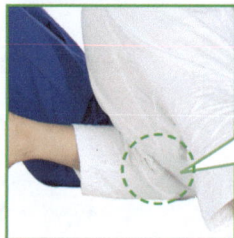

左腿尽量不要伸直，以免对手勾住自己的左腿进行反攻。

## ●后袈裟固

将对手的手臂夹于肋下，用身体侧压住对手。

寝技

### 技术分析

**Tips**

施技方左手可抓住对手的左侧腰带，肘部着垫，夹紧对手身体；右手抓住自己的领襟辅助固定对手的手臂。

使对手呈仰卧姿势，施技方右手抓住自己的衣襟，将对手的右前臂夹紧于自己右肋处，左手从对手的左腰侧搂紧对手的身体，左侧身体侧压制对手上半身。

### 换另一侧

双腿打开，脚贴垫。

### 要领解读

**Point**　**臀部着垫**

臀部着垫，上半身不能过多压在对手身体上，臀部若离垫，重心会向前上方移，对手易于反攻。要随对手身体的移动调整自己的重心，与对手的身体尽量保持 T 形。

# ● 后袈裟固实际运用 1

　　使对手跪于垫上，施技方单膝跪于对手头前方，左手斜向上拉对手右袖的同时，右手从对手的腋下插入并屈肘夹紧对手的右臂。

　　左手迅速抓住对手的右膝关节处的裤腿，跪垫的腿起立，将对手的上半身向上提起。

双手向自己的方向牵拉对手身体的同时，向后方倾倒。右腿插入对手两腿之间并向上抬起，使对手身体翻滚并仰面摔于垫上。

迅速调整身体姿势，将上半身压于对手身体上方，夹紧对手的手臂，使用后袈裟固将对手的身体紧固。

要领解读

## Point
**右手抓自己的左领襟**

右手抓住自己的左领襟辅助固定对手的手臂。

使对手跪于垫上，施技方单膝跪于对手头前方。左手斜向上拉对手右袖的同时，右手从对手的右腋下插入，并屈肘夹紧对手的右臂。

左手迅速抓住对手的右膝关节处的裤腿，双脚蹬垫，夹紧对手的右臂向前翻滚，使对手向后仰卧摔倒。

迅速调整身体姿势，将上半身压
于对手身体上方，夹紧对手的手臂，
使用后袈裟固将对手的身体紧固。

要领解读

*Point*

**与对手身体保持 T 形**

臀部着垫，贴近
对手身体，上半身不
要过多压在对手身
上，尽量与对手的身
体保持 T 形。

# ●反夹肩颈固实际运用

使对手跪于垫上，施技方单膝跪于对手头前方。左手拉对手右袖的同时，右手经对手的右胸前插入对手的右腋下，向前上方抬对手的右肩。

左腿向前伸直的同时，身体向左侧翻滚，翻滚的同时右手经对手颈后部插入，并搂紧对手的肩颈部。

右胸部压紧对手的右肩部，右臂背
向身后夹紧对手的颈部，将对手紧固。

将对手的身体掀翻于垫上呈仰卧姿势，上半身不能超
过对手身体过多，以免重心过度前移，引起对手反攻。

## 要领解读

### Point 1　压紧对手的右肩部

身体压紧对手的
右肩部，防止对手右
臂抽出乘机逃脱。

### Point 2　头颈部与身体配合

头部顶住
垫子，配合身
体用力。

● **裸绞**

双手从背后勒绞对手的颈部，迫使对手认输。

技术分析

*Tips*

紧固对手的颈部之后，可将右脸贴紧对手的左脸，身体压对手头部的后部，迫使对手的头部向前探，再进行勒绞。

施技方跪立于对手身后，右臂经对手的右肩插入对手颈前。手腕内侧贴紧对手的喉部，左手经对手的左肩与右手紧握，勒绞对手的颈部，迫使对手认输。

其他角度

身体贴紧对手的身体。

要领解读 *Point*

**手腕内侧贴紧对手喉部**

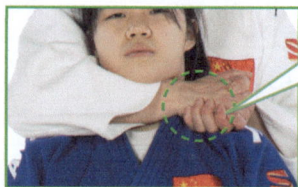

手腕内侧贴紧喉部进行绞的动作。

## ● 逆十字绞

双手分别抓握对手的两侧领襟，在对手的颈前交叉勒绞。

### 技术分析

**Tips**

双脚支顶对手的小腹部，使其上身前屈但无法前移。回拉对手身体的同时进行勒绞动作，迫使对手认输。

施技方左手抓对手的左侧领襟，右手抓对手的右侧领襟。双手交叉于对手颈前，向自己的方向拉对手的身体，同时双手向两侧拉紧进行勒绞。

双脚支顶对手的小腹部。

### 要领解读

**Point** **手抓握的方式**

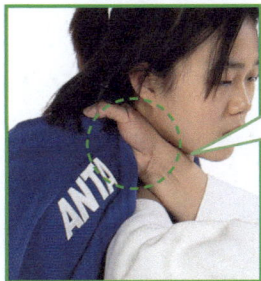

拇指在外，其余四指在领襟的内侧，双手在对手颈前呈十字交叉。

# ● 三角绞

双腿搭扣，锁住对手的头颈部将对手控制住。

**Tips**

主要是利用双腿的力量，锁绞对手的头颈部，因此，双腿的力量很重要。

使对手俯身跪于垫上，并用双臂支撑垫子。施技方直身跪于对手的头部上方，右手扣握对手的后腰带。

右腿绕过对手左肩贴近对手体侧时回勾小腿，并从对手左腋下插入背后。身体向右侧倾倒并将对手掀翻呈仰卧姿势。

要领解读

**Point**

**双腿搭扣锁紧**

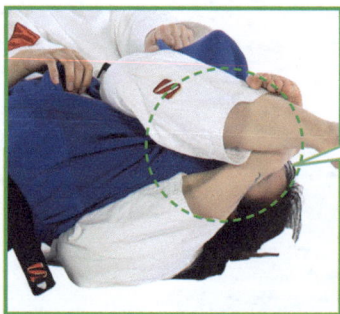

双腿搭扣，锁住对手头颈部。双腿向内收并夹紧，锁绞对手颈部。

# ● 并十字绞

双手分别抓握对手的两侧领襟，在对手的颈前交叉勒绞。

## 技术分析

**Tips**

并十字绞与逆十字绞的技术要领基本相同，仅在双手的抓握方式上有所区别，参见P099。

施技方左手抓对手的左侧领襟，右手抓对手的右侧领襟。

双手交叉于对手颈前，向自己的方向拉对手的身体，同时双手向两侧拉紧进行勒绞。

双脚支顶对手的小腹部。

## 要领解读

### *Point*

**手抓握的方式**

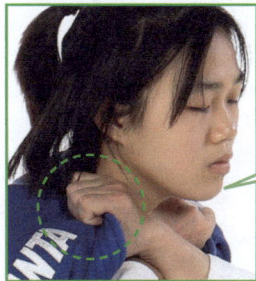

拇指在内，其余四指在领襟外侧，双手在对手颈前呈十字交叉。

# ● 片十字绞

### 技术分析

**Tips**

双脚支顶对手的小腹部，使其上半身前屈但无法前移。回拉对手身体的同时进行勒绞动作，迫使对手认输。

施技方左手抓对手的左侧领襟，右手抓对手的右肩部。

双手在对手颈前交叉，向自己的方向拉对手的身体，同时双手向两侧拉紧进行勒绞。

双脚支顶对手的小腹部。

102

# ●片羽绞

夹紧对手的一只手臂，勒绞对手颈部。

## 技术分析

Tips

插入对手颈后部的手，手指并拢，按压对手的头部，使对手头向前探，同时用右手进行勒绞，迫使对手认输。



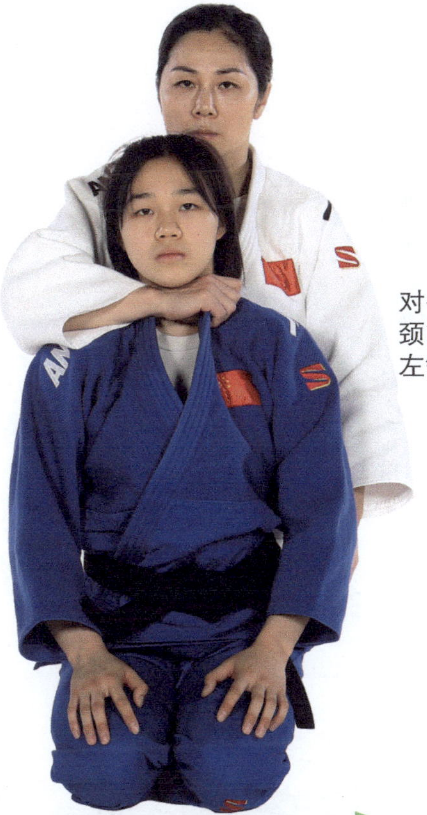

施技方右手经对手的右肩插入其颈前，抓握对手的左领襟。

左手经对手的左腋下插入对手的颈后部，并使对手右臂上抬。右手沿对手下颌勒绞对手的颈部。

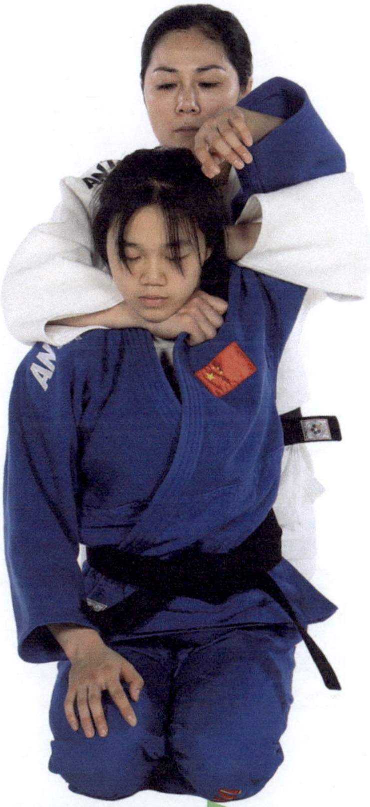

手腕贴紧对手的喉部。

**抓握方式**

拇指在内，其余四指在领襟的外侧，腕部贴紧对手的喉部。

## ● 送襟绞

从对手的背后勒绞对手的颈部。

施技方左手经对手的腋下握住对手的右领襟，右手经对手颈部下方插入握住对手的左领襟。

然后左手将对手的领襟固定住，右手勒绞对手的颈部。

### 技术分析

右手向右拉，左手固定对手的领襟，双手配合进行勒绞。

**Tips**

寝技

### 要领解读

#### Point 1　右肘部压对手的右肩

右肘部不要离开对手的右肩，防止对手用右手推开自己的右臂逃脱。

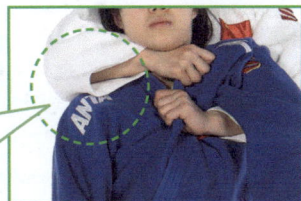

#### Point 2　脚尖蹬垫

勒绞对手的同时脚尖蹬垫，以辅助固定自己的身体。

# ● 送襟绞实际运用 1

施技方右手抓对手的后领，左手抓对手的后腰带。

将对手摔在垫上并用上半身压住对手。

右手插入对手的颈前并抓住对手的左领深处，调整身体姿势，勒绞对手的颈部。

利用脚尖蹬垫的力量将上半身紧压在对手身体上。

# ● 送襟绞实际应用 2

将对手身体置于自己的双腿之间。

抬起对手的左臂，左手从其腋下插入，抓对手的右领襟。

身体向左侧倾倒并牵拉对手的身体。

107

双腿压紧对手的肩部。

双手勒绞对手的颈部，双脚搭扣固定对手的肩部，将对手上半身锁紧。

## ● 送襟绞实际应用 3

将对手身体置于自己的双腿之间。

右手从对手颈部穿过抓住对手的左衣襟。左手拉对手的左腿。

身体向左侧倾倒并牵拉对手的身体。

左手顺势拉紧对手的左腿。

双腿压紧对手的肩部。

双腿锁紧对手的上半身，双手勒绞对手的颈部。

**要领解读**

### Point 1　右手抓对手左衣襟

右手穿过对手的颈部，始终抓对手的左衣襟。

### Point 2　腿部配合固定

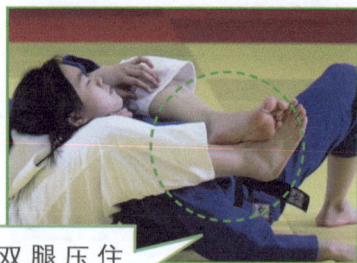

双腿压住对手的上半身，与手协同配合控制对手。

# 3 关节技

## ● 腕绒

双手反别对手的肘关节将对手控制住。

### 技术分析

**Tips**

用上半身压紧对手的身体，尤其是对手的肩部。只有控制住对手的肩部，才能有效控制其手臂，使对手无法乘机抽出手臂逃脱。

使对手仰卧于垫上，施技方于对手体侧趴卧并压住对手的上半身。

右手抓握对手的右手腕，左手从对手右臂肘关节下插入并抓握自己的右手腕，控制住对手的右臂。

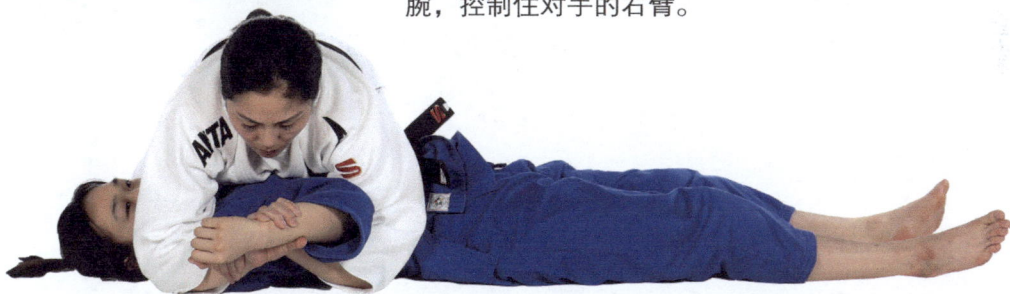

右手向自己的方向拉，左手腕向上撬对手的肘关节，将对手的肘关节反别住，控制对手。

### 要领解读 *Point* 与对手身体保持垂直

上半身不要过多压在对手身上，与对手的身体尽量保持垂直，随对手身体的移动调整自己的身体重心。

# ● 腕挫十字固

抓住对手的一只手臂反别其肘关节。

## 技术分析

**Tips**

施技方的身体向后倾倒时，臀部要着垫并挤压对手的左肩。双手抓住对手左臂反别其肘关节。

使对手仰卧于垫上，施技方位于对手体侧，抬右腿压在对手的颈部和面部，左腿压在对手的胸腹部。

右腿压紧对手的颈部和面部。

双手抓对手的手腕将其手臂夹于两腿之间，身体向后倾倒的同时抓住对手左手腕反别其肘关节。

## 要领解读　　*Point*　**使对手左臂伸直**

反别肘关节使对手手臂伸直。

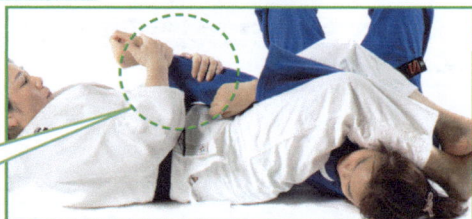

## ● 腕挫腕固

将对手的一只手臂固定在自己肩上，反别对手的肘关节将对手控制住。

### 技术分析

**Tips**

反别对手肘关节时，用双脚抵住对手的小腹部固定对手的身体，防止其身体向前移动，来迫使对手认输。

施技方两手抓对手的左前领，向自己的方向拉对手。

当对手上半身前屈时，顺势将右手从对手的腋下插入抱住对手的左臂，并将对手的左臂固定在自己的右肩上。

两手掌按住对手的左臂肘关节处，并往自己的方向拉，同时双脚顶住对手的腹部，将对手控制住。

### 要领解读　　*Point*

**将对手的左臂反搭在自己的肩上**

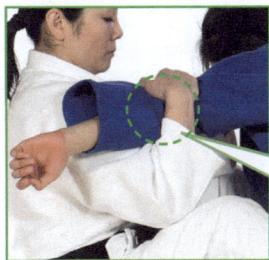

使对手的肘关节在外侧，手掌外翻，从而反别其肘关节。

## ● 腕挫腋固

将对手的一只手臂夹在腋下，反别对手的肘关节将对手控制住。

**Tips**

身体右侧压紧对手的右肩部，防止对手手臂抽出乘机逃脱。

施技方右手插入对手的右腋下，抓住对手的右手腕。

身体向左后侧旋转的同时，将对手的右臂夹于自己的右腋下。

双手抓住对手的手腕向自己的方向拉，从而反别对手的肘关节。

# ●腕挫十字固实际运用

左手拉对手的左袖，顺势将右臂经对手左肩插入，屈肘搂紧对手左臂。

左手撑垫,上半身越过对手后背。

身体向右肩方向翻滚着垫。

左手抓对手的右腿外侧，将对手的身体扳离垫子，掀翻呈仰卧姿势。

左腿压对手的胸部，右腿压对手的面部及左肩部。

双手抓对手的左手腕，控制住对手。

117

身体后仰，抓住对手的左手腕。

抓住对手的左手腕，身体继续后仰，将对手的手臂拉直。

要领解读　**Point**

## 双腿压住对手的上半身

对手着垫的瞬间要快速起身并用双腿压住对手的上半身，防止对手利用垫子的支撑力反攻。

# 第四章 连络技 ④

- 立技连续进攻连络技
- 立技反击连络技
- 立技与固技相结合的主动进攻连络技
- 寝技连络技

扫码看视频

## 小内刈 + 一本背负投

抓住对手第一次跨步逃脱、重心不稳的瞬间，牵拉对手的身体再次发起进攻。

对手顺势逃脱后，施技方控制重心位置连续进攻。

迅速上步、背步，实施一本背负投。

其他角度

用右脚脚掌向对手右脚跟部内侧横向勾划。

将对手摔成仰卧姿势。

# 小内刈＋背负投

在对手逃脱的瞬间，抓住对手的两臂用力向前、向下拉，使对手再次失去平衡，顺势向自己右肩方向拉对手的右袖，使用背负投再次进攻。

用右脚脚掌向对手右脚跟部内侧横向勾划。

对手顺势逃脱后，施技方控制重心位置继续进攻。

其他角度

施技方快速上步、背步转身，使用背负投的动作将对手从背部投出。

# 一本背负投＋一本背负投

第一次进攻，当对手左腿向后跨步逃脱，重心落于右脚时，抓住对手重心不稳的时机快速上步、背步，连续进攻。

施技方调整重心，右脚再次上步，使用一本背负投的动作继续进攻。

其他角度

对手左脚向后跨步逃脱。

# 大内刈 + 小内刈

**两次进攻都要先将对手的身体向**
自己的方向拉，贴近对手的身体，再
贴脚跟划拨对手的脚。若与对手身体
离得太远，对手会再次乘机逃脱。

施技方使用大
内刈动作向对手发
起进攻。

施技方重新调整
重心，斜向上牵拉对
手身体使对手再次失
去平衡时，使用小内
刈动作继续进攻。

其他角度

对手向后撤步逃脱。

贴对手的
右脚脚跟划拨
其右脚。

将对手摔
成仰卧姿势。

# 大内刈 + 大外刈

使用大外刈再次进攻时，上步速度要快，双手要用足够的力量将对手的身体向其右后方推，使对手的身体再次失去平衡。

对手左脚向后跨步逃脱。

施技方调整步法，左脚快速上步至对手右脚外侧，使用大外刈连续进攻。

其他角度

右脚上步划拨对手的左脚。

对手身体再次失去平衡，施技方将对手向其右后方推拉，将其摔倒。

# 大内刈＋体落

使用大外刈动作而对手逃脱时，要抓住对手身体重心不稳的瞬间，快速使用体落动作，将对手投出。

施技方重新调整身体重心，快速上步、背步，使用体落动作继续进攻。

其他角度

对手抬左
腿逃脱。

右脚在对手
右脚的外侧。

对手被投出
至右前方。

# 大内刈＋一本背负投

在对手逃脱的瞬间，抓住对手的两臂用力向前、向下拉，使对手再次失去平衡，顺势拉对手的右袖将自己的右肩插入对手的右腋下，使用一本背负投再次进攻。

对手左脚跨步逃脱。

施技方重新稳定重心，快速上步、背步，使用一本背负投动作继续进攻。

**其他角度**

右脚上步，贴
紧对手身体，实施
大内刈，进行第一
次进攻。

屈膝降低身
体重心，以背部为
支点，将对手投出
至右前方。

# 大外刈＋一本背负投

抓住对手右脚向后跨步、重心落于左脚的瞬间，右手牵拉对手的身体并迅速将左臂插入对手的左腋下，搂紧对手的左臂，实施一本背负投。

施技方调整重心，右脚再次上步，使用一本背负投动作继续进攻。

**其他角度**

从对手身体右侧实施大外刈。

对手的右腿向后撤步，旋转身体乘机逃脱。

双腿蹬直发力，将对手投出至前方。

# 大外刈 + 外卷入

用力将对手的身体向其右后方拉，将对手的手臂裹在自己的胸前，双手向自己的左腰侧用力拉，拧转自己的身体将对手卷摔出去。

对手调整左脚，稳定重心。

对手移动左脚调整重心，化解进攻。施技方调整姿势，用右腋夹紧对手的右臂，使用外卷入的动作继续进攻。

其他角度

右腿猛切对手右腿后部。

夹紧对手的右臂，拧转身体，将对手卷摔在垫上。

# 大外刈 + 大腰

使用大腰动作时，身体与对手的身体贴紧，腰臀部支顶对手的腹部，将对手扛在腰上。

抬右腿使用大外刈。

施技方重新调整步法，快速上步、背步、进腰，使用大腰动作继续进攻。

其他角度

对手抬右腿向后撤步
逃脱，化解第一次进攻。

施技方将对手
从身体右侧投出。

# 内股 + 体落

当对手抬左腿逃脱、重心移至右脚时，施技方迅速牵拉对手的身体，使对手向其右前方失去平衡，随后使用体落动作再次进攻。

施技方重新调整身体重心，快速上步、背步，右脚落至对手右脚的外侧，使用体落动作继续进攻。

对手抬左腿逃脱。

右脚在对手右脚的外侧。

对手被投出至施技方右前方。

# 内股＋一本背负投

使用内股动作而对手向后撤步逃脱时，抓住对手身体重心不稳的瞬间，快速上步、背步，使用一本背负投动作将对手投出。

对手用力回拉，化解第一次进攻。施技方快速调整重心，上步、背步，使用一本背负投动作继续进攻。

其他角度

右腿插入对手的两腿之间，实施内股。

对手重心前移，被摔出至施技方的右前方。

## 大外刈 – 大外刈

对手发动进攻时，施技方用力回拉身体，调整重心，左腿支撑身体。注意双手回拉的力量要与右腿猛切的力量同步。

施技方身体前屈，双手与身体配合用力拉，化解对手的进攻。同时用右腿切对手右腿的后部，使用大外刈动作进行反攻。

其他角度

对手寻找机会
左脚上步，想实施
大外刈进攻。

对手抬右
腿发起进攻。

双手配合腿部发力，将对
手摔倒。

145

# 大外刈 – 谷落

对手发动进攻时，扭转自己的身体至对手的身后，并向对手的右后方推拉对手的身体，同时伸左腿别在对手的腿后将对手摔倒。

施技方旋转身体，化解对手的进攻，并将左腿别在对手左腿的后面，使用谷落动作进行反攻。

146

对手寻找机会左脚上步，想实施大外刈进攻。

对手抬右腿发起进攻。

施技方身体向左侧倾倒，将对手摔倒在垫上。

# 小内刈 - 出足扫

**抓住对手抬右脚时重心不稳的瞬间，向对手的右后方推对手的身体，使对手向右后方失去平衡，乘机使用出足扫进行反攻，将对手摔倒。**

对手寻找机会使用小内刈动作发起进攻。

施技方向左后方扭转身体并抬腿逃脱，同时用左脚扫踢对手的右脚，使用出足扫动作进行反攻。

其他角度

对手右腿使用小内刈动作发起进攻。

149

# 大内刈 – 小外刈

抓住对手抬右腿进攻时重心不稳的瞬间，向其右后方用力推其身体，并乘机扫踢对手支撑身体重心的左腿，将对手摔倒。

施技方抬左腿逃脱并乘机扫踢对手的左腿，使用小外刈动作进行反击。

其他角度

对手抬右脚
上步发起进攻。

对手身体失去平衡，
摔倒在垫上。

# 内股－体落

在对手发起内股动作进攻的瞬间，施技方左手向自己的左腰侧拉对手的右袖，右手向同方向用力，使对手重心前移，失去平衡。

施技方将右脚移至对手右脚的外侧，使用体落动作进行反攻。

右脚移至对手右脚的外侧。

其他角度

对手左脚上步，右脚跟步，使用内股动作发起进攻。

施技方抬右腿化解进攻。

降低身体重心，将对手摔倒。

## 背负投－浮技

对手在背步后准备发力的瞬间，身体重心会向前下方移，施技方抓住对手重心移动的瞬间乘机反攻。

对手使用背负投发起进攻，施技方待对手背步时，迅速向对手的右体侧跨步逃脱。

左手用力拉对手的左腰侧，将对手的身体置于自己的两腿之间，身体向后方倾倒。

其他角度

降低身体的重心，右手向下拉对手的左领，左手扣握对手的后腰带，迫使对手跪于垫上。

右腿从对手正前方插入。

双手配合全身发力，将对手掀翻于垫上。

一本背负投＋横四方固

在使用一本背负投将对手摔倒的瞬间，继续使用横四方固将对手紧固，防止对手逃脱。

在对手倒垫的瞬间，使用横四方固动作继续进攻，将对手控制住。

其他角度

施技方使用一本背
负投动作将对手摔倒。

## 背负投＋腕挫十字固

在使用背负投动作将对手摔倒的瞬间，立即使用腕挫十字固动作，反别对手的肘关节，迫使对手认输。

在对手倒垫的瞬间，施技方抬左腿压住对手的面部及颈部，右腿压住对手的胸腹部，双手拉紧对手的右臂，身体向后倾倒。

其他角度

右臂屈肘插入对手的腋下。

施技方寻找机会快速上步、背步，使用背负投动作将对手投出。

反别对手的肘关节，使用腕挫十字固动作将对手控制住。

双腿压紧对手的上半身。

# 背负投 + 三角绞 + 三角固

在使用三角固时，要将对手的右臂伸展并压紧，防止对手抽出手臂借力逃脱。

施技方右腿绕过对手的头部，经对手左腋下插入其身体的下方。

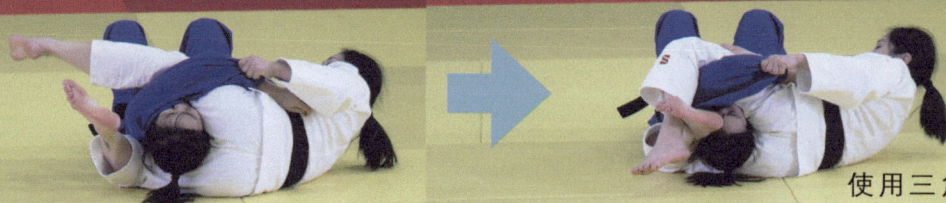

使用三角绞动作锁绞对手的头颈部。

施技方使用背负投动作抓住对手的右臂，身体顺势跪于垫上，向对手的右前方猛拉对手的身体，使对手俯身跪于垫上。

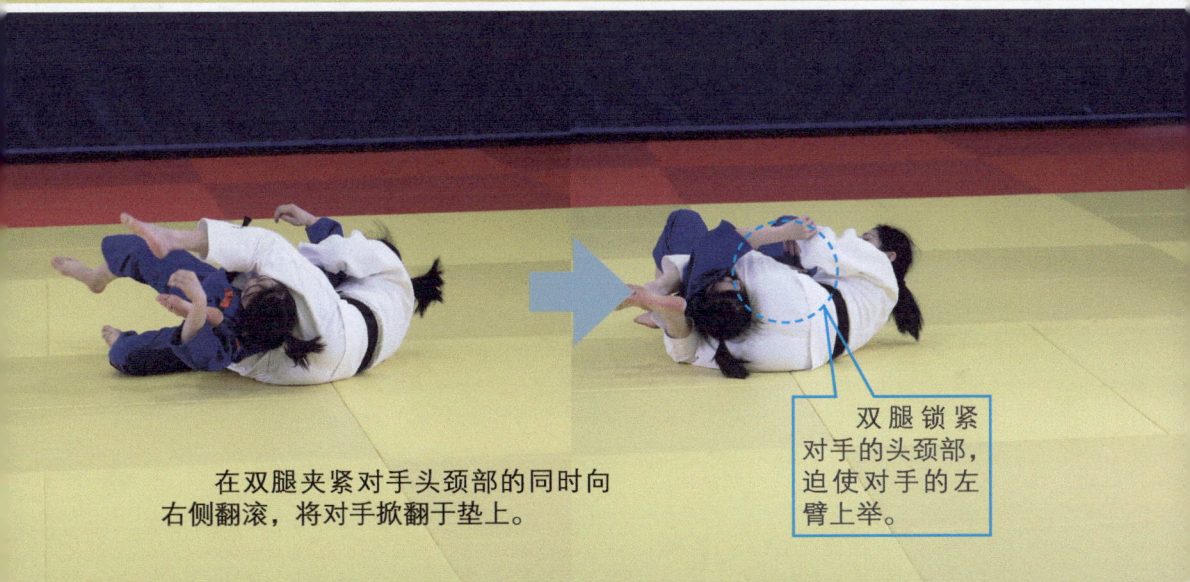

在双腿夹紧对手头颈部的同时向右侧翻滚，将对手掀翻于垫上。

双腿锁紧对手的头颈部，迫使对手的左臂上举。

将对手的右臂伸展压紧，上半身压住对手的身体，双腿搭扣，使用三角固动作将对手紧固。

# 大外刈 + 袈裟固

使用袈裟固时，右腋压紧对手的右胸部，左臂夹紧对手的右臂，上半身不要过多压在对手的身上，尽量与对手的身体保持垂直。

用右腿猛切对手右腿的后部，双手配合身体发力，将对手摔倒。

其他角度

抬右腿使用大外刈动作。

左脚上步至对手右脚的外侧，双手配合用力，向对手的身后推其身体。

将对手摔倒的瞬间，右臂经对手的左肩插入其颈后，以便后续使用袈裟固动作将对手紧固。

紧固对手的肩颈部。

# 大内刈 + 袈裟固

使用大内刈时，身体要尽量靠近对手的身体；若离得太远，腿部的力量会不足，也会使对手乘机逃脱。

在对手倒垫的瞬间，施技方迅速越过对手的身体，利用上半身压住对手的上半身；右臂搂紧对手的肩颈部，使用袈裟固动作将对手紧固。

其他角度

施技方寻找机会迅速上步，右腿插入对手的两腿之间，勾划对手的左脚，使用大内刈动作将对手摔倒。

双腿打开，左腿后撤，脚蹬垫。

# 体落 + 腕挫十字固

**在对手倒垫的瞬间，拉紧对手的右臂，防止对手右臂抽出、顺势逃脱。**

抬右腿压住对手的胸腹部。

在对手倒垫的瞬间，施技方抬左腿压住对手的面部及颈部，右腿压住对手的胸腹部，双手拉紧对手的右臂，同时身体向后倾倒。

**其他角度**

施技方寻找机会快
速上步、背步，使用体
落动作将对手投出。

反别对手的肘关节，使
用腕挫十字固动作将对手控
制住。

拉对手的右
臂，反别其肘关
节。

## 内股 + 袈裟固

在使用内股将对手摔倒后，趁势将对手的右臂夹于腋下。使用袈裟固动作将对手紧固。

在对手倒垫的瞬间，施技方利用上半身压紧对手的上半身，右臂插到对手颈后，搂住对手的肩颈部，使用袈裟固动作紧固对手。

其他角度

施技方寻找机会快速上步、背步，使用内股动作将对手投出。

右腿插入对手的两腿之间。

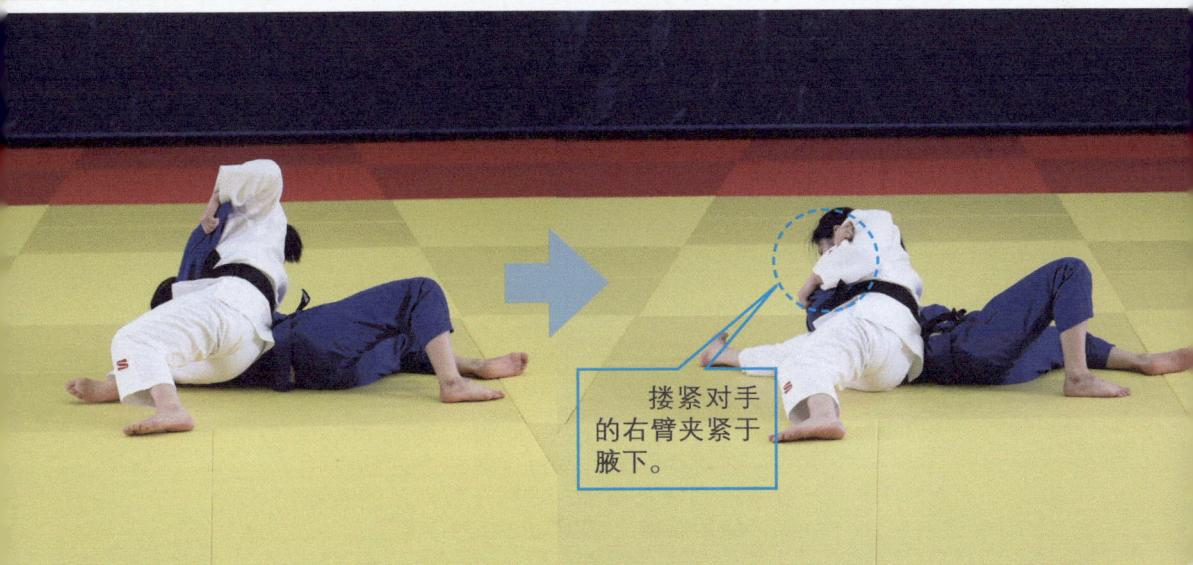

搂紧对手的右臂夹紧于腋下。

## 扫腰 + 腕挫十字固

在使用扫腰动作背步转身时，右腿要在对手右腿的外侧。将对手摔倒后，迅速压住对手的上半身，使用腕挫十字固反别对手的肘关节。

在对手倒垫的瞬间，施技方左腿压住对手的颈部及面部，右腿压住对手的胸腹部，使用腕挫十字固动作将对手紧固。

其他角度

施技方寻找机会快速上步、背步，将对手扛在自己的腰臀部，使用扫腰动作将对手摔倒。

搂紧对手的右臂，反别其肘关节。

# 带取返 + 横四方固

使用带取返动作向身后倒地时，右腿配合撩举对手的身体使其翻滚倒地，然后趁势压住对手身体使用横四方固动作。

左腿屈膝下蹲，身体向后倾倒，搂紧对手的上半身使其向后翻滚，使用带取返动作将对手摔倒。

在对手倒垫的瞬间，施技方起身用上半身压住对手的身体。

施技方向前、向下
拉对手的上半身使其上
半身前屈，左手搂紧对
手的右臂，右手扣握对
手的后腰带。

使用横四方
固的动作将对手
紧固。

## 袈裟固 + 腕挫十字固

使用袈裟固时要用侧腰的力量压制对手，身体不要超过对手身体太多；使用腕挫十字固时双腿要锁紧对手的肩颈部，防止对手逃脱。

右手搂紧对手的左臂，迅速起身用右腿压住对手的面部及颈部，左腿压住对手的胸腹部，使用腕挫十字固动作紧固对手。

右腿压住对手的颈部及面部。

施技方使用袈裟固动作将对手紧固在垫上。

双手拉住对手的左臂反别其肘关节，将对手控制住。

三角绞 + 关节技 + 三角固

将对手的身体置于双腿之间后，双腿用力锁紧对手的身体并迫使对手的左臂上举，使其无法借力反攻。

右腿插入对手背后，左腿压住对手的颈部，使用三角绞动作锁绞对手。

抓紧对手左臂使其不能反抗。

右手扣握对手的后腰带，左手
拉对手的右袖，身体向右侧倾倒的
同时，将对手掀翻成仰卧姿势。

抓住对手的左臂
向右侧拉，反别其肘
关节。

翻转上半身压住对手，双
腿搭扣紧固对手的头颈部。

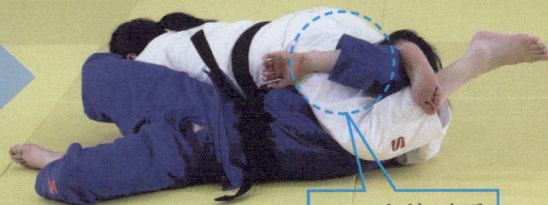

迫使对手
左臂上举，不
能反攻。

# 腕挫十字固 + 固技 + 腕挫十字固

使用腕挫十字固紧固对手时，施技方臀部、背部依次着垫，头部不可以着垫；双腿要锁紧对手的肩颈和手臂，防止对手手臂抽出借力逃脱。

左手拉对手的左袖，右臂从其腋下插入并搂紧左臂，同时右腿越过对手身体。

身体向右侧倒垫的同时，手脚配合将对手掀翻于垫上。

施技方左腿从对手身后迈向对手身体左侧，将对手身体置于两腿之间。

左腿压住对手的胸腹部，右腿压住对手的颈部及面部，使用腕挫十字固动作将对手控制住。

左手搬动对手的双腿，再次使用腕挫十字固动作紧固对手。

双腿锁紧对手，双手拉对手的左臂反别其肘关节，迫使对手认输。

## 送襟绞 + 上四方固

上半身不要压住对手身体
过多，防止对手从两腿间逃脱。

左胸部挤压对手的颈后部，迫使
对手的头部前屈且无法移动。

抬左臂同时旋转身
体呈俯卧姿势。

施技方右手抓对手的左
领襟，用送襟绞动作勒绞对
手的颈部。

压住对手的上半身，用上
四方固的动作紧固对手身体。

横四方固 + 腕缄

使用横四方固压制对手后，迫使对手的肘关节弯曲，双手十字交叉握住对手的手腕，反别其肘关节。

抽出右手抓住对手的右手腕，并使其肘关节弯曲。

右手向自己的方向拉对手的手腕。

施技方使用横四方固的动作将对手紧固于垫上。

左手从对手肘关节下插入握住自己的右手腕。

两手十字交叉形成腕缄动作。

左手臂向上撬对手的肘关节，两手配合，迫使对手认输。

# 5 第五章 体能训练

- 身体柔韧性训练
- 足部灵活性训练
- 耐力训练
- 跳跃训练

扫码看视频

# 1 身体柔韧性训练

■ 侧腰拉伸

自然站立，双手置于胸前，食指相对，其余四指交叉相扣。腰部侧向伸展，双手由胸前向体侧伸直。

另一侧动作相同，方向相反。注意髋关节的控制，身体不要前倾或后仰。

■ 背部拉伸

自然站立，双手置于胸前，食指相对，其余四指交叉相扣。双腿分开略宽于肩，身体前屈与地面平行，手臂向前伸直，腰部下压，肩膀不要下沉。

■ 腿部拉伸

双腿尽量伸直向两侧呈 V 形打开。

双手支撑身体，臀部离垫，上身前屈，保持数秒，恢复初始姿势。

由初始姿势向侧面扭转腰部，双手置于腿的两侧，面部朝向身体扭转侧。另一侧动作相同，方向相反。

**Point** 分腿角度循序渐进

初学者在进行训练时，分腿的角度要循序渐进，不要过分勉强，以免拉伤。

■ 大腿后部拉伸

自然站立，双脚打开，大于肩宽，膝关节绷直。上半身向下弯曲，分别向两侧脚尖方向扭转身体。

对侧的手尽量去够脚腕，最大限度拉伸大腿后侧肌肉。

自然站立，双脚打开，小于肩宽。上半身弯曲，双膝挺直，双手分别紧握脚后跟位置。头部尽量靠向自己的小腿正面，以拉伸大腿后侧的肌肉。

颈部伸直，不要含胸，头部上扬。

■ 腹部拉伸

手臂伸直，这样可以最大限度拉伸腹部肌肉。

俯卧，双手手掌打开撑垫，挺胸的同时放松腹部，保持大腿贴实地面，缓缓抬起上半身，直到腹部有拉伸的感觉为止。

仰卧，双手尽量够向自己的脚尖，双腿和双臂伸直，腹部发力起身，锻炼腹部肌肉。

腹部发力，颈部不要提前用力。

腿部尽量伸直，腹部发力抬腿做触腿两头起动作。

# 2 足部灵活性训练

挺胸收腹，大腿尽量抬至与地面平行，两腿交替进行高抬腿动作。屈膝团身跳跃时尽量往高处跳，落地时屈膝缓冲。

■ 高抬腿团身跳

其他角度

大腿与地面平行。

腾空时手部尽量抱住膝盖。

■ 左右并步跳

双脚并拢，身体挺直，向两侧交替跳跃。

跳跃过程中，腰部保持挺直，不要弯曲。

■ 左右单腿跳

进行滑冰式跳跃，向左侧跳出时，左脚在前右脚在后，身体略微前倾，双臂自然摆动。另一侧动作相同，方向相反。

其他角度

脚掌完全接触地面，防止受伤。

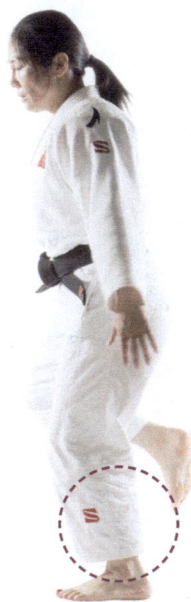

左右腿交替落地，跳跃方向与腿落地侧相同。

193

# 3　耐力训练

■ 三分钟循环训练

　　自然站立，双手自然下垂放于身体两侧贴在大腿上，双脚打开约与肩同宽，准备做耐力循环训练。

双手撑垫子，重心向上半身移动，双腿蹬地发力。

快速伸直膝关节，做直臂平板支撑的姿势。

双脚脚趾蹬垫，膝盖绷直。

跳跃时，手臂向上扬起，尽可能打开身体，姿势要舒展。

**6**

双手离垫后，纵身向上跳跃，脚尖绷直，落地时屈膝缓冲，恢复到起始姿势，可连续循环。

**5**

膝盖弯曲，可以缓冲跳跃时对头部的震动。

**4**

双脚蹬垫，迅速向头部方向收腿，膝关节稍稍弯曲做缓冲。

由纵向跳跃转换为直臂平板支撑动作，继续3分钟耐力训练。腹部持续收紧，肩、腰、脚踝在同一条直线上，肘关节微屈不要锁死。

从平板支撑姿势转换登山跳动作，保持手臂伸直。然后一条腿向前弯曲，膝盖接近胸部，做好登山跳动作的准备。

保持双臂伸直撑地，快速轮换双腿的位置，做登山跳动作，双腿交替重复此动作。

要领解读 **Point** 平板支撑训练核心肌群

大臂垂直地面支撑，小臂贴地，用脚趾和前臂支撑身体的重量。任何时刻都保持身体挺直，腹部收紧，尽可能延长保持这个姿势的时间。

■ 跳马练习

起跳前，双手扶在同伴的背部，跳跃时要双腿起跳，跨过同伴后要恢复正常站立姿势。

其他角度

要领解读

## Point 1

**起跳时双腿尽量向两侧打开**

双腿尽量向两侧打开，不要撞击到同伴的身体。

## Point 2  背部挺直

双臂支撑身体，起跳过程中腰背尽量挺直。

■ 推小车练习

　　练习者在同伴的配合下，直臂
向前、向后爬行，爬行过程中腰背
挺直。

*Point*

**练习注意要点**

　　练习过程中，支
撑身体的手臂与手掌
保持垂直，手掌始终
在肩部的正下方。

训练时，练习者和同伴要时刻高度配合，根据移动的方向，及时做出调整，防止受伤。

体能训练

## 要领解读

### Point 1　腰背保持挺直

训练者在练习时，腰背要时刻挺直，不能塌陷。

### Point 2　夹紧双腿

同伴把训练者的双腿夹在身体两侧，防止晃动。

# 4 跳跃训练

■ 直膝跳

　　直立纵向跳跃，尽量往高处跳。跳跃过程中腰背挺直。落地时膝盖伸直。

■ 屈膝跳

　　先屈膝呈半蹲姿势，再纵向跳跃，尽量往高处跳。跳跃过程中腰背挺直。落地时屈膝缓冲。

要领解读　*Point*　**落地时直膝和屈膝的区别**

　　直膝落地可以加强踝关节承受力和灵活性；屈膝落地则可以增强跳跃时腿部肌肉的爆发力。